JN273040

THE WORKSHOP OF INFORMATION DESIGN

情報デザインのワークショップ

情報デザインフォーラム編

丸善出版

はじめに

　情報デザインとはうれしい体験のためのデザインです。社会の情報化にともない、近年は膨大な量の情報、複雑に絡み合った事象をいかに整理し、再構築するかという社会的な課題が山積しています。これらの問題を解決し、社会をよりよい方向に変え、うれしい体験を生み出していくことがデザインの役割といえます。そして、デザインはデザイナーだけが携わるものではありません、誰もがデザインを実践することができます。

　デザインを学び、実践する方法の1つとしてワークショップがあります。ワークショップは、参加者がおのおの体験・協働して学び合いながら何かを作り出す、学びと創造のスタイルです。デザインという行為は個人で行われることもありますが、これからは地域や社会、組織やステークホルダーなど、まわりの人々を巻き込んで取り組まなければならない課題の解決方法としてワークショップを活用することができます。

　そこで、デザインとワークショップのエッセンスを凝縮した一冊を作り上げました。まず1章では、仕事や地域活動に生かすためのデザインとワークショップの基礎をおさらいします。次に2章では、企業やコミュニティの活動に応用できるコミュニケーションデザインについて解説しています。続く3章では、ヒト・モノ・ビジネスの視点で新たなビジネスや事業を生み出すサービスデザインを学びます。2章と3章は「準備→発見→表現→共有」という一連のデザインプロセスに沿った15回程度の授業プログラムとなっており、それぞれのデザインをワークショップ形式で学べる作りとなっています。最後に4章では、チームビルディングやアイスブレイク、運営のコツなどワークショップを行ううえで実践的に使える手法を数多く紹介しています。

　仕事を変えたいと思っているビジネスマン、社会を変えたいと思っている学生、地域社会や教育環境をより良くしたいと考えている人に、ぜひ手に取ってもらいたいと思います。

　なお、本書では用語の解説や手法の詳しい説明は省略し、折に触れて『情報デザインの教室』(丸善出版)を参照しています。情報デザインについて体系的に学びたい場合は、上記書を参考にしてください。

　最後に、本書の刊行にあたって協力していただきましたみなさまに深く感謝いたします。

　それでは、ワークショップを始めましょう。

2014年6月

執筆者を代表して　山崎和彦

『情報デザインのワークショップ』の世界

本書は4つの章から構成されている。

Chapter 1

第1章「情報デザインとワークショップ」は、デザインとワークショップの基礎について解説する。

Chapter 2

第2章「コミュニケーションデザインをワークショップで学ぶ」は、現状把握とメッセージ共有のためのワークショップについて解説する。

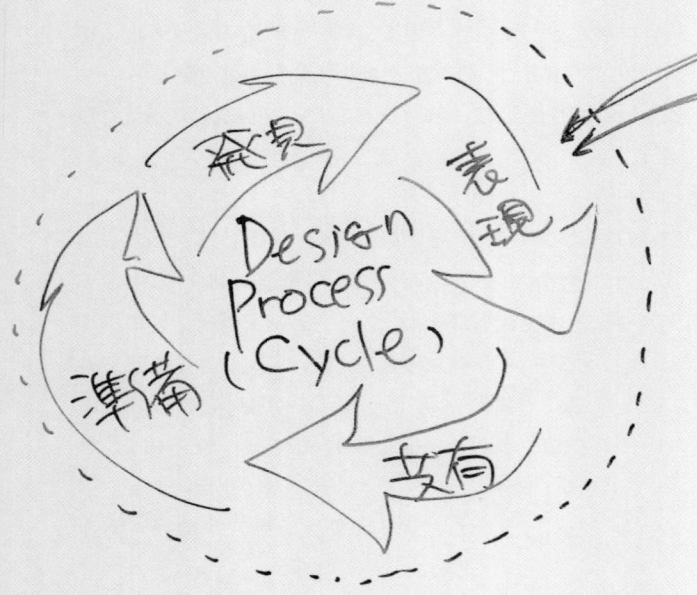

Chapter 3

第3章「サービスデザインをワークショップで学ぶ」は、ヒト・モノ・ビジネスの視点でサービスを生み出すワークショップについて解説する。

Chapter 4

第4章「情報デザインのワークショップの手法」は、第2章、第3章のデザインプロセスに活用できるさまざまなミニワークショップを掲載した。アイスブレイクやプロジェクトメンバーのデザインスキルを高めるワークショップについて紹介する。

脚注の 教 p.○○という表記は、『情報デザインの教室』（丸善出版）の○○ページに詳しい解説があることを示す。

Chapter 1 情報デザインとワークショップ

1-1 情報デザインとは 2	**1-2** 情報デザインの活用 4	**1-3** 情報デザインを学ぶポイント 6
1-4 デザインワークショップとは 8	**1-5** デザインワークショップの活用 10	**1-6** デザインワークショップの実践のポイント 12
1-7 デザインワークショップの準備 14		

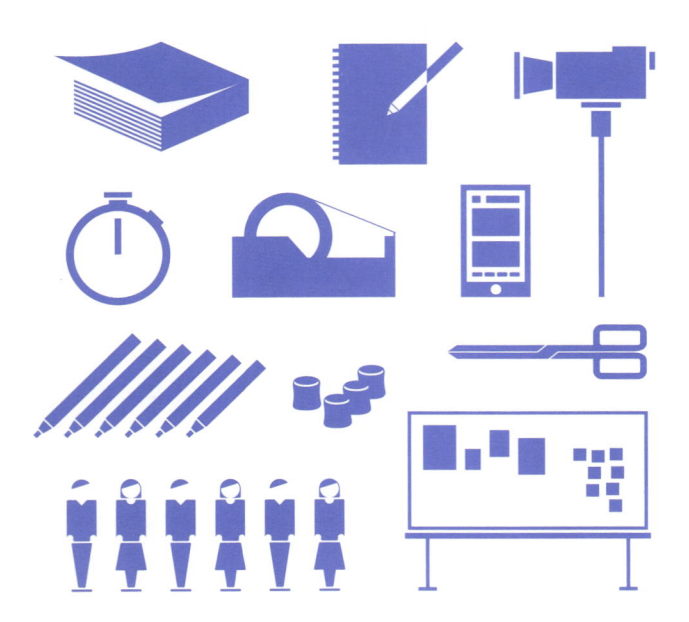

THE WORKSHOP OF
INFORMATION DESIGN

Chapter 2 コミュニケーションデザインを ワークショップで学ぶ 16

- **2-1** コミュニケーションデザインにおけるワークショップの活用法 18
- **2-2** オリエンテーション 20
- **2-3** ウォーミングアップ 22
- **2-4** ワークショップの企画 24
- **2-5** 現状調査 26
- **2-6** 調査結果の視覚化 28
- **2-7** 資料のドキュメント化 30
- **2-8** 現状把握の結果の視覚化 32
- **2-9** ディスカッションによるコンセプトの共有 34
- **2-10** 社会に向けたメッセージ表現 36
- **2-11** 社会に向けた情報発信 38
- **2-12** 社会に向けた成果物の発表と評価 40
- **2-13** デザインプロジェクトの資料化と共有 42
- **2-14** 社会に向けた資料の制作 44
- **2-15** リフレクション(省察) 46

Chapter 3 サービスデザインをワークショップで学ぶ 48

3-1 サービスデザインにおけるワークショップの活用法 50	3-2 オリエンテーション 52	3-3 テーマの設定 54
3-4 質的調査 56	3-5 質的データの分析 58	3-6 ユーザー体験の視覚化 60
3-7 モノの視覚化 62	3-8 ヒトからの発想 64	3-9 モノからの発想 66
3-10 コンセプトの作成 68	3-11 コンセプトの視覚化 70	3-12 コンセプトの評価 72
3-13 ビジネスモデルの視覚化と評価 74	3-14 コンセプトの具体化（モノ）76	3-15 コンセプトの具体化（ビジネス）78
3-16 まとめ 80		

Chapter 4 情報デザインのワークショップの手法 82

- 4-1 マシュマロ・チャレンジ 84
- 4-2 コンセンサスゲーム 86
- 4-3 スケッチ・ワークショップ 88
- 4-4 道具の使い方ワークショップ 90
- 4-5 写真撮影ワークショップ 92
- 4-6 ビデオ撮影ワークショップ 94
- 4-7 インタビュー・ワークショップ 96
- 4-8 参加型フィールドワーク・ワークショップ 98
- 4-9 オブザベーション・ワークショップ 100
- 4-10 カードソーティング・ワークショップ 102
- 4-11 上位概念を考えるワークショップ 104
- 4-12 フォトKA法ワークショップ 106
- 4-13 ストーリーテリング・ワークショップ 108
- 4-14 最悪トラベル・ワークショップ 110
- 4-15 インプロビゼーション・ワークショップ 112
- 4-16 デジカメアニメ・ワークショップ 114
- 4-17 図解基礎ワークショップ 116
- 4-18 アクティングアウト・ワークショップ 118
- 4-19 パーソナルファブリケーション・ワークショップ 120
- 4-20 スクライビング・ワークショップ 122
- 4-21 ワークショップ運営のコツ 124

索　引 126
参考図書 128
4章の問題の回答例 129
編者・執筆者紹介 130

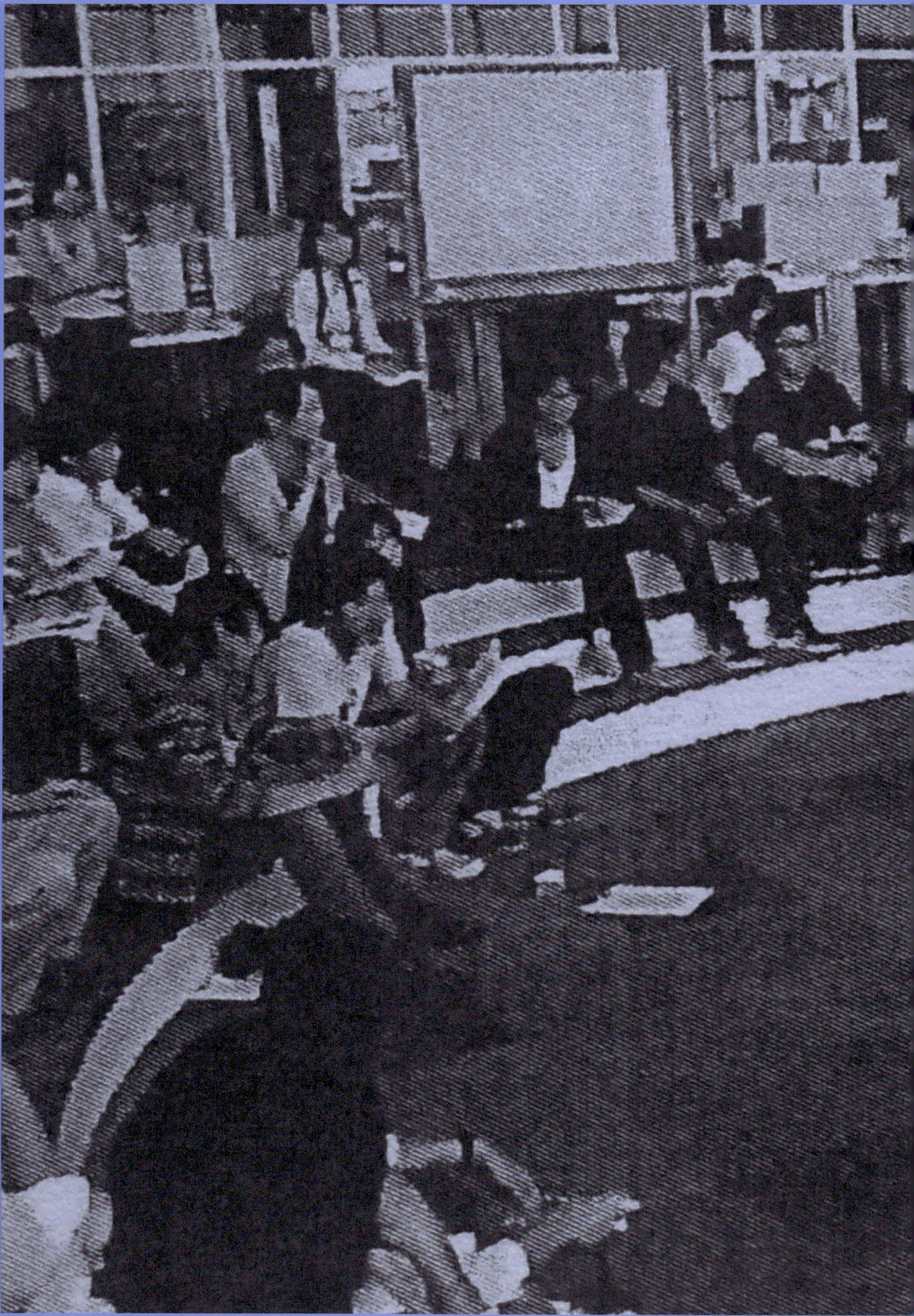

Chapter

1

情報デザインと
ワークショップ

Design and Workshop　　The Workshop of Information Design

1-1 情報デザインとは

❶ デザインとは

「デザイン」という言葉を聞くと、多くの人々は車やインテリア、広告、ファッションなどのモノの美しい形や色、またそれらを作ることだと考えるだろう。しかし、それはデザインのひとつの側面にすぎない。本書で学ぶ情報デザインとは、最終的なモノの形態や色彩を決定する前段階の製品やサービスなどの企画までをも含めた概念である。

❷ 人間中心のデザイン

本書では「情報デザイン」を「1980年代後半から発達した人間中心デザインの総称」と定義する。1980年代後半、インターネットなどの情報通信技術が急速に進歩し、私たちの生活の中にパソコンや携帯電話などの情報機器が入ってきた。これらは複雑な操作を必要としたため、それまで消費者が求めていた製品の外観の美しさよりも、機器の使いやすさやわかりやすさが求められ、情報機器の操作部分を人間中心のデザインとするインタフェースデザイン[*1]が発達した。2000年代に入ると、情報機器の使いやすさやわかりやすさだけではなく、情報機器を使うことによって得られるユーザー体験・経験のデザイン[*2]や、ユーザーに提供するサービス全体を再構築するサービスデザイン[*3]が求められた。また、複雑かつ膨大な情報を受け手にわかりやすく伝える視覚化手法として、インフォグラフィックス[*4]が普及した。さらにワークショップ[*5]などにおいて人々が集まったときに円滑に話し合えるようにリアルタイム・ドキュメンテーション[*6]といった議論を視覚化する手法も出てきた。情報デザインはこれらのような人間の生活や体験・経験に関わる問題を解決して、

表1. 情報デザインの特徴

	情報デザイン
関わる人	デザイナーだけではなく非デザイナーや一般の人
目的	うれしい体験を生み出すこと
内容	ユーザーの体験・経験
方法	異分野の人たちとのワークショップ
対象	製品、サービス、情報の視覚化、ユーザーの体験、戦略、合意形成など

うれしい体験を生み出すための手法である。表1に情報デザインの特徴を整理した。

❸ コミュニケーションデザインとサービスデザイン

本書では、情報デザインを実践的に学ぶためにコミュニケーションデザインとサービスデザインを取り上げている。コミュニケーションデザインはインフォグラフィックスのような情報を視覚化する手法を使って人々のコミュニケーションや合意形成などを手助けすることである。サービスデザインはユーザーの体験・経験をモノのデザインをこえてサービス全体から事業を再構築することである。どちらのデザインも情報デザインの課題であるとともに、その学びが生かされる分野である。

❹ 複雑な社会問題の解決手段

19世紀末の産業革命によって、モノ作りは、工芸品を手作業で一つひとつ作ることから、工業製品を工場で大量生産する形態に変化した。このような社会状況において、デザインは製品を効率的に大量生産するための形状や消費者の物欲を刺激する外観

[*1] **インタフェースデザイン:** 情報機器の画面やボタンなどユーザーが機器を操作する部分を人間中心設計の観点からわかりやすくすること。ユーザインタフェースデザインともよぶ。

[*2] **ユーザー体験のデザイン:** エクスペリエンスデザイン、UXデザインともよぶ。ユーザーの機器を使って得られる体験や経験を想定して情報機器をデザインすること。

[*3] **サービスデザイン:** ⇨p.50

[*4] **インフォグラフィックス:** グラフィックを用いて情報をわかりやすく表現したもの。⇨p.32

[*5] **ワークショップ:** もともとは地域住民などが集まって話し合い、合意形成を

を作る役割を果たした。大量生産は多くの工業製品を普及させることには貢献したが、粗悪な製品も流通させ、従来の工芸品の美的な感性を失わせるものも数多く生まれた。同時に、大量生産、大量消費社会は労働問題を代表とする人間疎外や環境破壊などの社会問題を引き起こした。20世紀初頭には、アーツアンドクラフツ運動*7のようにデザインによって社会の問題を解決し、人間性を取り戻そうという気運が広がった。21世紀になっても環境問題や人間の生活の問題はいまだ解決されず、インターネットなどの情報通信技術も普及して、社会はますます複雑になってきている。情報デザインは、このような現代社会において、種々の問題を解決する役割が期待されている。

⑤ 学際、協働のデザインのためのワークショップ

現代の複雑な社会問題は、専門家の知識や技術だけで解決することはできず、学際的な知見や手法を取り入れて解決する必要がある。例えば、ユーザーの日常生活の詳細な調査では、人類学で行われているフィールドワークやエスノグラフィーの手法が用いられる。コンセプトデザインの検討には、社会学や心理学の知識も必要である。情報機器のプロトタイピングでは、プログラミングやプロダクトデザインの知識や技術が求められる。

このように異分野の知見を動員するには、異分野の専門家同士が協働してデザインを行うことが重要である。例えば米国のデザインファームIDEOでは異分野の専門家がチームを組んでワークショップによりデザインを行っている。また、スタンフォード大学の学内デザインスクールであるd.schoolでは、機械工学、医学、ビジネススクールの学生がワークショップ形式でデザインの課題を行っている。IDEOやd.schoolの手法はデザインシンキング*8とよばれている。

⑥ 非デザイナーも参加できるデザイン

上記の事例のようにワークショップにはデザイナー以外の専門家も参加しており、現代社会においてデザインは、デザイナーだけでの専門的な作業ではないことを意味する。機器の形状やソフトウェアの動作のデザインを具体的に決定する行程では専門職のデザイナーの力が必要だが、企画段階では多くの専門家が関わる。

また、デザインに関わる人は何かの専門家である必要はなく、一般のユーザーでもかまわない。なぜならワークショップによる最終成果物は、サービス、企業戦略、教育、自治体の政策、町おこしにおけるの住民の合意形成などのように製品やソフトウェアに限定されたものではなく、多くの分野にわたり一般の人々の参加が必要だからである。

⑦ 社会を変える情報デザイン

情報デザインは、チームワークによるデザインでもある。参加者はチームメンバーの1人として有意義なアイデアを出し、積極的にデザインに参加しなければならない。そのためには、自分のスキルや知性を磨き、チームメンバーやワークショップに参加する他の人々の個性を尊重し、協調してデザインを行う必要がある。情報デザインは、21世紀の社会問題をみんなで考え、みんなでデザインすることで社会を変えていくための誰もが身につけるべき姿勢であり手法でもある。

するための方法だが、情報デザインの分野でも広く用いられている。

＊6 リアルタイム・ドキュメンテーション：
⇨p.30

＊7 アーツアンドクラフツ運動： 19世紀末頃の英国で興った造形芸術の運動。産業革命に伴って粗悪な工業製品が生み出されていた当時の風潮に対するアンチテーゼとして、手工芸品の復興を目指した。そして人間生活のあり方を巡る社会運動でもあった。

＊8 デザインシンキング： 従来のデザインの手法をデザイナー以外の人々がビジネスなどの問題解決に使用する思考法。

1-2 情報デザインの活用

　ここでは、情報デザインが社会でどのように活用されているのかをふたつの事例を通して紹介する。ひとつは、長期間にわたる製品やサービスの開発において、開発メンバー同士や開発者とユーザーとのコミュニケーションのために活用することで、ユーザーの要望にかなった製品やサービス開発に生かした例である。もうひとつは、住民活動のワークショップにおいて、グラフィックを用いて議論をリアルタイムに視覚化することによって、その場で住民の合意形成を促進するなど、短期間で行われる活用例である。

① 企業のサービス開発

　撮影した写真のデータをWebにアップロードすると自動編集され、印刷、製本されたフォトブックとして毎月1冊届けられるサービスがある[*1]。開発当初はWeb上の写真共有サービスを目指していたが、サービスのイメージが漠然としていたので、メンバー間や子どもを持つ母親たちとワークショップを重ねた。すると、母親たちは仕事や家事で忙しく、写真を撮影してもプリントする時間がないことがわかった。そこで写真共有からフォトブックへとサービスの方向性を変えることになった。

　また開発チームは、ユーザーストーリーマッピング[*2]（図1）やKA法[*3]といった情報デザインの手法を使い、サービスやアプリケーションの開発を行った。アプリケーションの画面仕様と機能要件は、ホワイトボードを使用してチームのマネージャー、デザイナー、エンジニアが話し合うことで決定した（図2）。ユーザーストーリーマッピングなどが描かれた大きな紙を職場の壁に貼ったままにして、それをチームのメンバーが常に見ることによって、チームの情報共有の道具として使用した[*4]。さらにユーザーに試作品を評価してもらうワークショップを開催して、その結果を開発にフィードバックした（図3）。このように、情報デザインの手法を効果的に取り入れてユーザーの要望を反映したサービスの開発を行った。

② 住民活動のグラフィック・ファシリテーション

　東京都多摩市には1960年代後半に開発された、多摩ニュータウンとよばれる大規模市街地がある。ここでは多くの団地が起伏のある高台に建てられた。現在、初期に入居した住民は高齢化し、路線バスの停留所からさらに坂を登って自宅の団地まで行かなければならず、高台にある団地まで巡回するコミュニティバスを必要としていた。

　この地域では住民たちが2006年から始めたコミュニティバスを自分たちの地域に走らせる活動が実を結び、2014年にバスが巡回することになった。

　住民たちは、バスが開通したときに多くの乗客が利用するには、自分たちがどのような活動をしたらよいかを話し合うためにワークショップを行った[*5]。そのときに、ファシリテーター[*6]がグラフィックを用いて、住民の議論を彼らの目の前でリアルタイムに描き整理した（図4）。このグラフィック・ファシリテーション[*7]という手法によって議論のプロセスや全体像を視覚化することで、参加者が情報を共有した（図5）。また議論のプロセスを客観的に見ることで、話し合いの結果を冷静にふりかえることができた[*8]（図6）。この結果、住民たちはバスで買い物ツアーの企画をしたり、地域の店舗情報を集めた広報誌を発行するなど、バスの利用者を増やすための活動方針の合意を導きだすことができた。

[*1] 株式会社ミクシィの関連会社である株式会社ノハナが運営するフォトブックサービス。

[*2] ユーザーストーリーマッピング：アジャイルUXの第1人者であるジェフ・パットンによって開発されたユーザーのワークフローやシステムの要件定義、リリース計画をまとめて見える化する手法。ここでいうユーザーストーリーとは、「（ユーザー）として（タスク）をしたい、それは（ビジネス価値）のためだ」という形式で定義したシステム要件のことを指す。この要件を、横軸を時間、縦軸を優先度としたマトリクスにストーリーをプロットして、プロダクトの全体像を視覚化する。

| 情報デザインを知る | デザインワークショップを知る | 本書の使い方 | 5 |

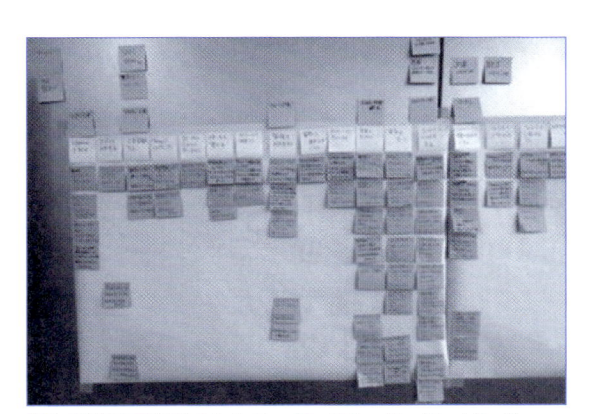

図1. 職場の壁に貼られたユーザーストーリーマッピング

図2. 画面仕様と機能要件の検討

図3. ユーザーによる試作品評価のワークショップ

図4. グラフィック・ファシリテーションの様子

図5. 話し合いをしながらその場で描く

図6. グラフィックを使って話し合いの結果をふりかえる

*3 **KA法:** ⇨p.106

*4 調査結果の視覚化: ⇨p.28

*5 東京都市大学小池情報デザイン研究室のコミュニティデザインの研究活動して実施された。

*6 ファシリテーター: ⇨p.12, 15

*7 グラフィック・ファシリテーション: ⇨p.30

*8 リフレクション: ⇨p.46

1-3 情報デザインを学ぶポイント

情報デザインをどのように学べばよいのだろうか。ここではその学び方について解説する。

❶ 学びの全体像

図1は情報デザインの学び方の全体像である。大きく分けて知識による学びと実践による学びがある。知識は教室での授業や書籍から得ることができ、実践による学びは日常生活やOJT[*1]から体得することができる。知識による学びと実践による学びの中間にあるのが、本書で取り上げている協働による学び、ワークショップである。情報デザインはこれらの手段によって総合的に学ぶことが望ましい。それぞれの学び方を具体的に見てみよう。

❷ 知識による学び

1. 書籍で学ぶ

情報デザインの概念や手法が整理された書籍を読むことによって情報ザインの全体像や、個々の手法について知ることができる。情報デザインの教科書として『情報デザインの教室』[*2]がある(図2)。

ここに記述されている手法を基礎としてコミュニケーションデザインとサービスデザインのワークショップについて解説したのが本書である。本書と『情報デザインの教室』は相互補完の関係にあり、本書を読み進める中で用語や手法についてわからないことがあれば、『情報デザインの教室』を適宜参照するとよい。なお情報デザインは各書籍でさまざまな解釈がされているので、必ずしも本書と同じ定義で解説しているとは限らない。「ユーザー中心」、「人間中心設計」などのキーワードを扱う書籍は比較的本書と考え方が近い。

2. 教室で学ぶ

情報デザインは大学、専門学校などの教育機関の授業において学ぶことができる。情報デザインの授業は、デザイン系大学、専門学校などの学生になることで受講できる。情報デザインの授業は講義形式のものと、演習形式のものがある。演習形式のものは、個人での課題制作と、グループでの課題制作(ワークショップ形式)がある。授業では教員の指導のもと、課題のゴールや期限が明確なので、課題に自分の情報デザインの知識やアイデアを取り入れていこう。

❸ 実践による学び

1. 日常生活で学ぶ

学生でなくても個人の日常生活の中で情報デザインを学ぶことができる。例えば、普段使っている機器などで使いにくいと感じるものやテレビ、インターネット、広告などでわかりにくい情報表現に気づいたら、問題意識を持って自分で改善案を考えてみる。また、日常生活の中で気になったものがあれば、自分のノートにメモやスケッチしてみよう。そして「自分ならこのように改善する」というデザイン案を描いてみる。同時に、自分で考えた新しいデザインも記録しておこう。このように自分の関心やアイデアを蓄積していくことは今後の自分のデザイン活動に役立つ。一方、生活における整理・整頓も情報デザインの学びとなる。例えば部屋にあるものが使いやすくなるように置き場所や収納場所を考えたり、本棚の本を判型ではなくジャンルで分類したり、コンピュータのデータファイルの名称を工夫するということも考えられる。

さらにインターネットで気になった製品やサービ

[*1] OJT(On the Job Training):企業内で行う教育訓練制度。上司が教育係になったり外部講師を招いたり、内容も仕事中の指導から勉強会、ワークショップなど多岐にわたる。

[*2]『情報デザインの教室』:情報デザインフォーラム編、丸善出版、2010. 大学や専門学校で情報デザインを教えている教員や、企業で情報デザインを実践しているビジネスパーソンたちが執筆した情報デザインの教科書。次の章から構成されいてる。1章 情報デザインとは/2章 情報デザインプロセス/3章 ユーザー調査のための手法/4章 コンセプトのための手法/5章 視覚化のための手法/6章 デザイン評価のための手法/7章 教育事例

スのインタフェース、インフォグラフィックスを見つけたら、SNSに意見や感想を投稿してみよう。自分自身の記録にもなり、友人や他者と共有することで、互いにコメントし合ったり、アイデアを出し合うこともできる。豊かな学びは1人で孤立して行うことではなく、同じ関心を持つコミュニティの中で創発することで生まれる。

2. OJTで学ぶ

　ビジネスやデザインの具体的な仕事の現場でOJTとして情報デザインを学ぶことができる。製品開発やサービス企画など、実際のデザインプロジェクトに関わるということは、実践の中に多くの学びが含まれている。

❹ ワークショップによる学び

　情報デザインのワークショップは学校の授業や企業のOJTで行われているが、企業やNPOが主催する一般向けの場も提供されている。ワークショップでは、個人ではなく参加者たちと共にグループで互いに助け合い刺激を受けながらデザインを学ぶことができる。ワークショップは情報デザインを協働して学ぶ場として非常に適している。

❺ 自分たちでワークショップを開催する

　上記の学びの方法を経験したら、次は仲間、友人たちと情報デザインのワークショップを開催してみよう。運営方法やプロセス、事例は、本書を参考にして欲しい。ワークショップを開催することによって自らも学ぶことができるし、情報デザインを学ぶ側から次第に教える側になることができる。ワークショップを自ら開催できるようになることが、本書の学びのゴールのひとつである。

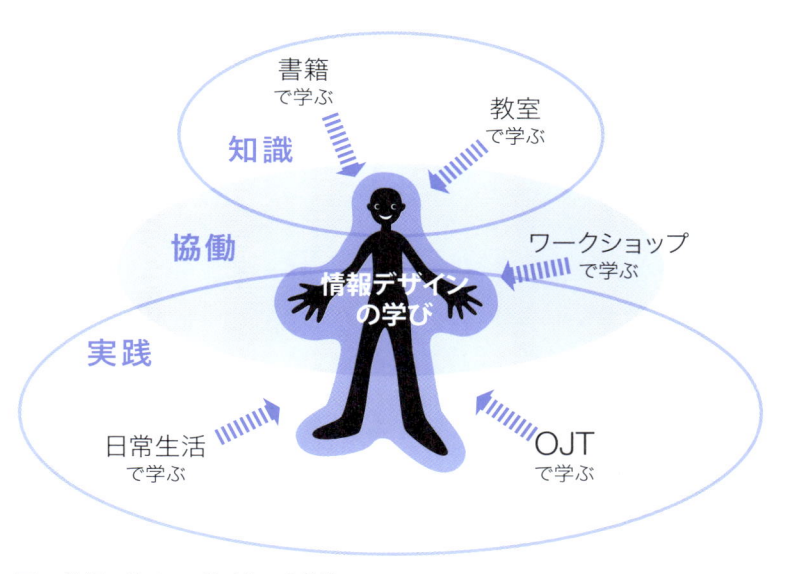

図1. 情報デザインの学び方の全体像

図2.『情報デザインの教室』と本書

1-4 デザインワークショップとは

1 なぜワークショップなのか

デザイン活動をワークショップを通して行うこと（Design though Workshop）を、ここではデザインワークショップとよぶ。主に個人で行うことが難しいデザイン活動の1つの方法として捉えられるが、実践的なデザイン活動を行うと同時に、複数のメンバーで協働して行うことを通して、手法やマインドセットなどを学ぶという二重性を持つ（図1）。デザインワークショップの特徴は、①個人活動ではなく複数人による同時的な取組みであること、②社会に位置づけることを指向した明確なアウトプットを持つこと、③場作りを支援するファシリテーターが存在することである。今日、ワークショップは創造を目的とするさまざまな分野・領域で行われている（図2）。

2 なぜデザインワークショップなのか

1. 物事を問い直すための実験の場として

ワークショップという概念は、19世紀のアーツアンドクラフツ運動 [*2] において、「生活とモノの意味を問い直す実験の場」として確立したとされる。この運動が投げかけた問いは、デザインという概念の誕生にも大きな影響を与えた。「デザイン」と「ワークショップ」の意味は、本来的には近いのである。

2. 時間的制約の中での効率化として

情報に接する機会は増えても、それを吸収できる量と時間は限られており、現代では社会人も学生も一つひとつの体験を深めることが難しくなっている。こうした制約が強まる中で、時間と空間を限定して集中的に実施されるワークショップは効率的である。専門性の高いデザイン基礎の実習も、ワークショップの要素を取り入れることで、さまざまな人が楽しみながら参加できるようになる（図3）。

3. 消費社会から創造社会へのムーブメントとして

リーマン・ショックや東日本大震災は、多くの人々にとって社会における問題と、その創造的解決法としてのデザインの可能性を再考させるきっかけとなった。また個人のモノ作り環境が普及したことで、創意工夫して必要なものを作り上げていこうとする取組みが広がりつつある。人々の創造的活動が社会に開かれてきた潮流と、ワークショップが普及しつつある時代が一致するのは、偶然ではない。

4. 個人を越える創造性の探求として

ソーヤーによると、創造性が生まれる場とは、組織の壁にとらわれない人々の出会いやつながり、葛藤や衝突、といったいわゆるコラボレーションの網の目の中にあるという [*3]。今日の社会問題は、さまざまな利害関係が複雑に絡みあっているため、従来のようにデザイナーが単独で解決案を出し、ユーザーがそれを享受する、という関係のままでは課題を解決することは難しくなっている。そこで、さまざまな立場の人が問題に参加し、関わりあう中で有意義な解決策を創造的に見出していこうとする、組織的な活動としてのデザインのあり方が求められている。その方法のひとつがワークショップである。

5. 多様性を取り入れる方法として

ワークショップは、参加者の相互作用によって構成される。唯一の正解を求めることが目的ではなく、その場で結論に至らない場合もある。成果がもの足りなく感じられても、自分の視点だけで判断せず、できるだけさまざまな角度から意味を捉えてみることが大事である。多くの視点を考慮して考えることが、多様性を尊重しつつ社会全体をよくする方向につながっていく。

[*1] さまざまなワークショップ実践に関して学習の理論的観点からまとめられた参考文献として次の書籍が挙げられる。山内祐平，森玲奈，安斎勇樹，ワークショップデザイン論―創ることで学ぶ，慶應義塾大学出版会，2013.

[*2] アーツアンドクラフツ運動：⇨p.3

[*3] 参考文献として次の書籍が挙げられる。キース・ソーヤー，凡才の集団は孤高の天才に勝る―「グループ・ジーニアス」が生み出すものすごいアイデア，ダイヤモンド社，2009.

情報デザインを知る　　デザインワークショップを知る　　本書の使い方

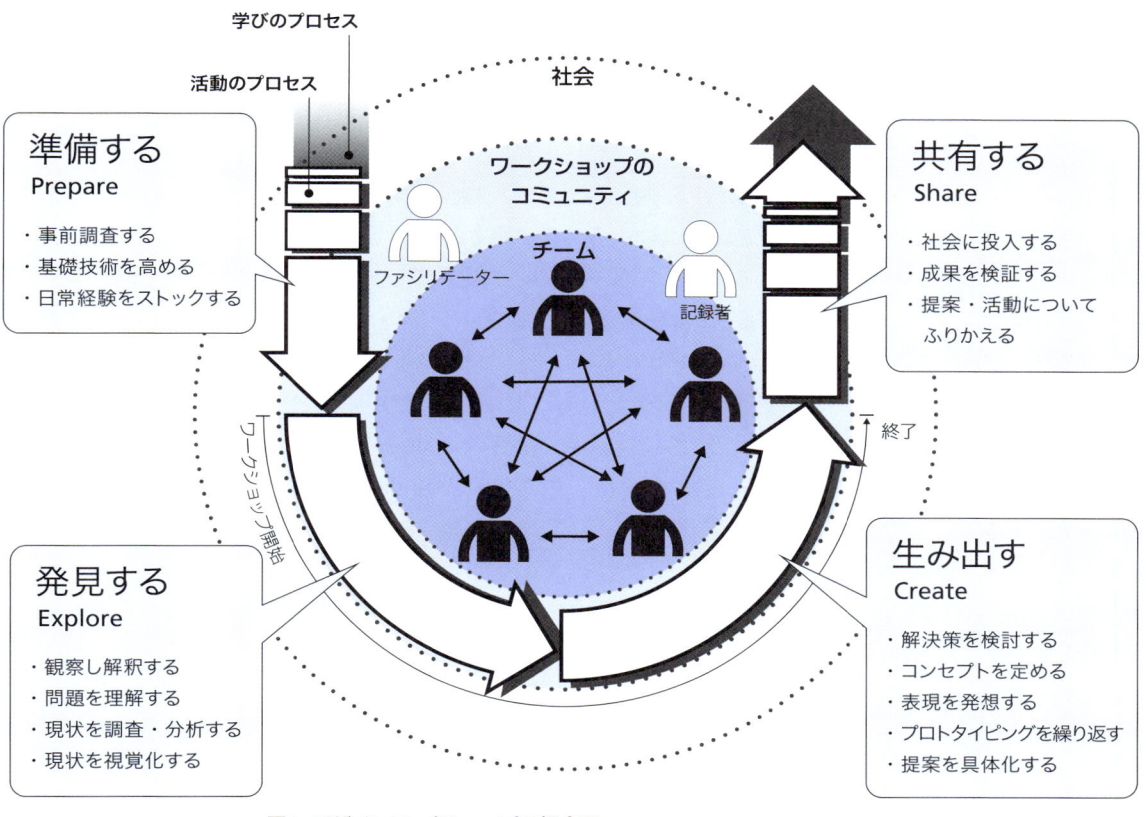

図1. デザインワークショップの概念図

準備する Prepare
・事前調査する
・基礎技術を高める
・日常経験をストックする

共有する Share
・社会に投入する
・成果を検証する
・提案・活動についてふりかえる

発見する Explore
・観察し解釈する
・問題を理解する
・現状を調査・分析する
・現状を視覚化する

生み出す Create
・解決策を検討する
・コンセプトを定める
・表現を発想する
・プロトタイピングを繰り返す
・提案を具体化する

学びのプロセス / 活動のプロセス / 社会 / ワークショップのコミュニティ / ファシリテーター / 記録者 / チーム / 終了

白い矢印の「活動プロセス」の背後には、影のように「学びのプロセス」が存在する。デザインワークショップは開催時間の間だけでなされているものではなく、制作物と学びの質を高めるための準備活動と事後活動も重要である。

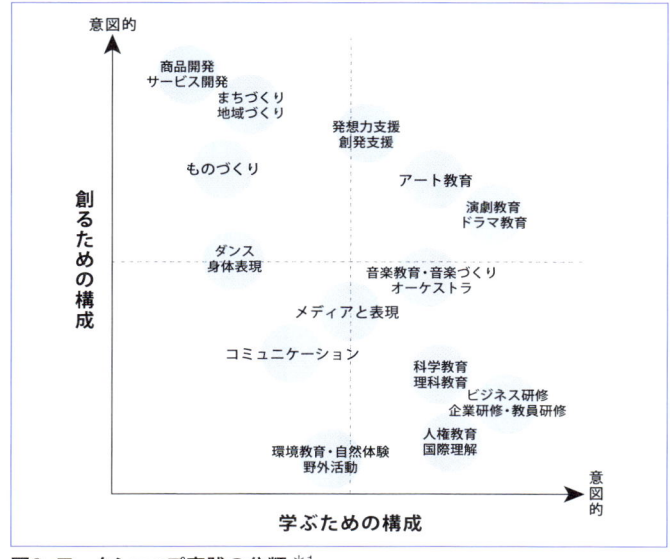

図2. ワークショップ実践の分類 *1

意図的／創るための構成／学ぶための構成／意図的

- 商品開発・サービス開発
- まちづくり・地域づくり
- 発想力支援・創発支援
- ものづくり
- アート教育
- 演劇教育・ドラマ教育
- ダンス・身体表現
- 音楽教育・音楽づくり・オーケストラ
- メディアと表現
- コミュニケーション
- 科学教育・理科教育
- ビジネス研修・企業研修・教員研修
- 環境教育・自然体験・野外活動
- 人権教育・国際理解

図3. 色彩効果と配色のワークショップ

PCCS色相環表を組立てて色の関係性とイメージの共通性を学ぶ。ワークショップ的な観点から捉え直すと、個人作業では難易度が高い色彩イメージの共通性や分化の学習も楽しみながら行うことが可能になる。

1-5 デザインワークショップの活用

1 デザインワークショップをどう生かすか

デザインワークショップは、問題に応じてさまざまな形式がとられる。アウトプットを出すために短期集中的に行われるものもあれば、業務とは区別して、失敗しても支障がない範囲で行われるものもある。ここでは、目的に応じて4つに分類して表1にまとめた。参加する人々によって場が構成されることは基本的に共通しているが、それぞれ重視しているポイントが異なるため、参加者の温度差をそろえるためにも、実施の際には目的を事前に確認しておく必要がある。

また過去に実施されたワークショップ事例には、さまざまな活用方法を見ることができる。例えば大規模な災害に備えて事前に人々が対話し対処する場作りとしての活用がある（図1）。また、東日本大震災において実際に利用された「できますゼッケン」は、阪神・淡路大震災の経験から提案されたアイデアを改良したもので、初期の問題発見においてワークショップが活用されたほか、オープンな道具として利用者がよりよい使い方を共創していった点がワークショップ的であるといえる（図2）。さらに、デザインに積極的に人々を巻き込んでいく方法としての活用もある（図3）。近年注目を集めているインクルーシブデザイン[*2]はこれまで除外されてきた人々をデザインプロセスに包括し、対話や観察から得た気づきをもとに、他者にもうれしいものを生み出すというデザインの方法である。この方法を実施する際にはワークショップの場が活動の母体となる。また、自分たちで生み出した方法論を再現・記録し、場所を越えて展開する方法としても利用できる（図4）。学びの場においても、学生間で他の教育機関や海外の学生たちとの相互理解と創造活動を同時に行なう特別な機会を作り出す方法としても活用できる（図5、6）。

表1. デザインワークショップの分類

	種類と目的	参加者	キーワード	アウトプット	指標
1	社会的に有用なデザイン成果物を、専門的視点と技術で共創するために行われるもの[*1]（例：図4）	デザイナー エンジニア 利害関係者	異分野コラボレーション 短期集中型開発 プロジェクト	デザイン成果物	成果重視 ↑
2	異分野の背景を持つ多様なメンバーが、新しい問題の発見・創造的解決のために、協調的に取り組むもの（例：図1）	プロジェクトメンバー 専門家 利害関係者	合意形成 デザイン思考 プロジェクトマネジメント	アイデア・ドキュメント	
3	デザインの初期段階・評価段階にユーザ視点を取り入れるためにおこなわれるもの（例：図5）	ユーザ デザイナー	参与観察 信頼関係構築 参加型デザイン		
4	デザイン手法や技術などを参加者間の学びあいを活かして、実験的に、かつ楽しく行う方法としてのもの（例：図6）	学習者（学生/社会人）	協調学習 実験 コミュニティ形成	プロトタイプ	↓ 学び重視

[*1] このタイプとほぼ同じ目的を持つものに、「ハッカソン」や「アイデアソン」がある。その場でチームを組み、24時間でサービスを作り上げ、壇上で聴衆にプレゼンテーションするという時間制限を重視したルールで実施される開発イベントである。ワークショップと異なる点として参加者の自主性を重視し、ファシリテーションのようなチーム外との相互作用が少ないことが挙げられる。

[*2] インクルーシブデザイン：参考文献として次の書籍が挙げられる。ジュリア・カセム, 平井康之訳, インクルーシブデザイン—社会の課題を解決する参加型デザイン, 学芸出版社, 2014.

情報デザインを知る　　デザインワークショップを知る　　本書の使い方

図1. 災害から身を守り、情報を伝え合うためのデザイン
東日本大震災から間もない時期に情報デザインフォーラム主催で行われたワークショップ。大規模災害から生き延びるためにコミュニケーションデザインには何ができるのか、活発な対話が行われた。

図2. できますゼッケン (issue+design)
被災地や避難所においてボランティアや被災者が、自分にできることを表明するためのゼッケン。分野別に4つに色分けされている。インターネット上に公開されているPDFデータを出力し、背中に貼って使用する。

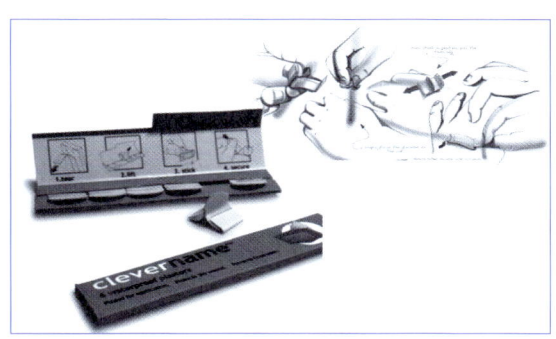

図3. Clevername (Pearson Matthews)
指をケガしたときに、従来のように両手を使うことなく、ケガしていない方の手だけで正確に貼ることができる絆創膏。肢体が不自由な人や視覚障害者などの利用状況の観察からヒントを得て生み出された。

図4. ストーリーウィービング・ブックレット (takram design engineering) モノ作り（プロダクト）とものがたり（ストーリー）を併置し、編むように深化していくデザイン方法論をもとにしたワークショップのブックレット。記録によってコンセプトと成果物を再現することができる。

図5. ユーザー観察と関係構築を目的とした子ども向けワークショップ 子ども向けのプロダクトをデザインする際に、「ユーザーを知る」ことを目的として行った例。共に課題に取り組むことで、違った立場からの見方を学びつつ、ユーザー体験を起点にした制作コンセプトへとつなげていく。

図6. 合宿型デザインワークショップ（はこせみ2005 ― 情報のこすりだし） 2泊3日ではこだて市内のフィールドワークを行い、発見したことを起点に表現を試みた。参加校は、はこだて未来大学、多摩美術大学、武蔵野美術大学、東京都市大学、専修大学、北翔大学など。

1-6 デザインワークショップの実践のポイント

❶ 成果物以外に配慮すべきこと

デザインワークショップは基本的には何かを作り出すために行う活動であるが、具体的な成果物や手法だけではなく、目に見えにくい部分に重要な要素がある。例えば、参加者の活動を支援する「ファシリテーション」や、個別の学びをどのように連結させるかという「プロセス」である。ワークショップの現場から時間軸を広げれば、当日のスタートラインに着くまでの参加者のレディネス *1 の形成や活動中、活動後のリフレクション *2 さらに社会への還元までも含めることができるだろう。ここでは、これらの見えにくい部分を中心にデザインワークショップの実践のポイントを解説する。

❷ ファシリテーションの重要性

ファシリテーションとは、チームの活動プロセスを中立的な立場から管理し、成果が最大となるように支援する活動のことである。ワークショップにおいては参加者が持つ知識やスキルなどを出し合い、相互の学びを促進させる役割として使われる。いわゆる「講師」という存在ではないことに注意したい。

デザインワークショップにおいてファシリテーターは、場を作っていくとともに、社会に成果物を伝えることにも責任を持つ、大変重要な存在となる。

適度に距離を持ったファシリテーターの一言は、しばしば停滞する議論に活路を与え、その後の活動を大きく左右することは珍しくない。一方で、助言の仕方によっては、自分たちの構築したコンセプトを簡単に放棄してしまう参加者もいる。助言の言葉づかいやタイミング、方法などは時と場合に応じて異なるため、さじ加減は大変難しいが、ファシリテーターの役割は基本的にサポートであるので、できるだけ参加者の主体性を尊重するべきだろう。チームやコミュニティ内あるいは学生だけでワークショップを自主的に行う場合は、参加者の中からファシリテーター役を割り当てることが望ましい。ファシリテーター不在の参加者だけのワークショップでは、問題の中に没入して全体が見えなくなってしまうことがある。

❸ ワークショップのプロセスの設計

目的達成のために、個別の手法や知識などの要素をどのようにつなげて時系列を伴った進め方にしていくか、ということをよく考慮したうえで事前に決めておくことがプロセスの設計である。一回限りではなく複数回にわたって実施する場合も、ワークショップのプログラム全体を俯瞰したうえでどのように組立てていくかという視点が必要になる。

本書の2章(コミュニケーションデザインをワークショップで学ぶ)と3章(サービスデザインをワークショップで学ぶ)は、それぞれ大学における半年間のシラバスを想定して全15回ないし16回として設計したものである。その構成を図1に示す。2章は「情報を視覚化して他者に伝えること」をテーマにした基礎的な内容である *3 。3章は、「ヒト・モノ・ビジネスという3つの視点から多角的に検討しながらサービスをデザインすること」をテーマにした発展的な内容を学べるプロセスとなっている *4 。

この図は、断片的なワークショップの寄せ集めではなく、ひとつのワークショップのアウトプットを次のワークショップに活用しながら、継続的に行っていくことで情報デザインの学習を深め、より楽しくしていくための重要なプロセスを示している。

---

*1 レディネス: ある行動の習得に必要な条件(知識、技術、興味関心など)が用意されている状態のこと。ワークショップに関わる人々、それぞれの立場において、必要なレディネスが存在する。ファシリテーターが事前によく考慮すべき重要なポイントである。

*2 リフレクション: ⇨p.46

*3 コミュニケーションデザインにおけるワークショップの活用法: ⇨p.18

*4 サービスデザインにおけるワークショップの活用法: ⇨p.50

Chapter 2 コミュニケーションデザインを ワークショップで学ぶ

● 目的に向かって準備する

- 指針を得る
- 問題を得る
  - 2-1 ワークショップの活用法
  - 2-2 オリエンテーション
  - 2-3 ウォーミングアップ
  - 2-4 ワークショップの企画

● 問題を理解する（現状把握のための視覚化）

- 観察する
- 解釈する
- 表現する
- 評価する
  - 2-5 現状調査
  - 2-6 調査結果の視覚化
  - 2-7 資料のドキュメント化
  - 2-8 現状把握の結果の視覚化
  - 2-9 ディスカッションによるコンセプトの共有

● 解決策を提案する（メッセージ共有のための視覚化）

- 発想する
- 集約する
- 表現する
- 評価する
  - 2-10 社会に向けたメッセージ表現
  - 2-11 社会に向けた情報発信
  - 2-12 社会に向けた成果物の発表と評価
  - 2-13 デザインプロジェクトの資料化と共有

● 提案を省察する

- 省察する
  - 2-14 社会に向けた資料の制作
  - 2-15 リフレクション（省察）

Chapter 3 サービスデザインを ワークショップで学ぶ

● 目的に向かって準備する

- 指針を得る
- 問題を得る
  - 3-1 ワークショップの活用法
  - 3-2 オリエンテーション
  - 3-3 テーマの設定

● 現状を調査・分析する

- 観察する
- 分析する
  - 3-4 質的調査
  - 3-5 質的データの分析

● 現状を視覚化する

- 構造化する
  - 3-6 ユーザー体験の視覚化
  - 3-7 モノの視覚化

● コンセプトを発想する

- 発想する
- 概念化する
  - 3-8 ヒトからの発想
  - 3-9 モノからの発想
  - 3-10 コンセプトの作成
  - 3-11 コンセプトの視覚化

● 提案を評価・改善する

- 評価する
- 修正する
  - 3-12 コンセプトの評価
  - 3-13 ビジネスの視覚化と評価

● 提案を具体化する

- 具体化する
- 省察する
  - 3-14 コンセプトの具体化（モノ）
  - 3-15 コンセプトの具体化（ビジネス）
  - 3-16 まとめ

図1. 2章および3章の流れ

1-7 デザインワークショップの準備

1 ワークショップの準備
　創造性が要求されるデザインワークショップでは、事前の準備としての場作りと活動プログラムの計画は非常に重要である。

2 場作り
　ワークショップ会場の設営は準備の中でも最も重要な事項である。以下のような条件で会場を確保したい（図1）。
- 机や椅子を自由に動かせる。
- プロジェクター、パソコンなどの電源を確保しやすい。
- 壁面を利用できる（模造紙や資料を掲示する）。
- 移動可能なホワイトボードを利用できる。

　オプションとして以下も確認しておきたい。
- 飲食ができる（ドリンクバー、軽食サーバー）。
- 簡単に資料にあたることができる（ライブラリーやネットワーク接続など）。
- フィールドワークに出やすい。
- 日常業務から離れて集中できる。

　ワークショップで必要な道具は、途中で不足しないように、十分な数を用意しておく。
- 模造紙（790mm×1090mm、ロールタイプのものもある）
- フリップチャート（イーゼルパッド、模造紙の代用あるいは併用）
- 養生テープ、マスキングテープ（掲示用）
- 紙専用マーカー（紙に描いても裏写りしない）
- ふせん（75mm×75mm、手に持ちながら書くことができる大きめのものを推奨）
- ホワイトボード、可動式掲示パネルなど

　以上が基本であるが、簡単な工作ができるようなさまざまな造形素材を用意しておくことで、その

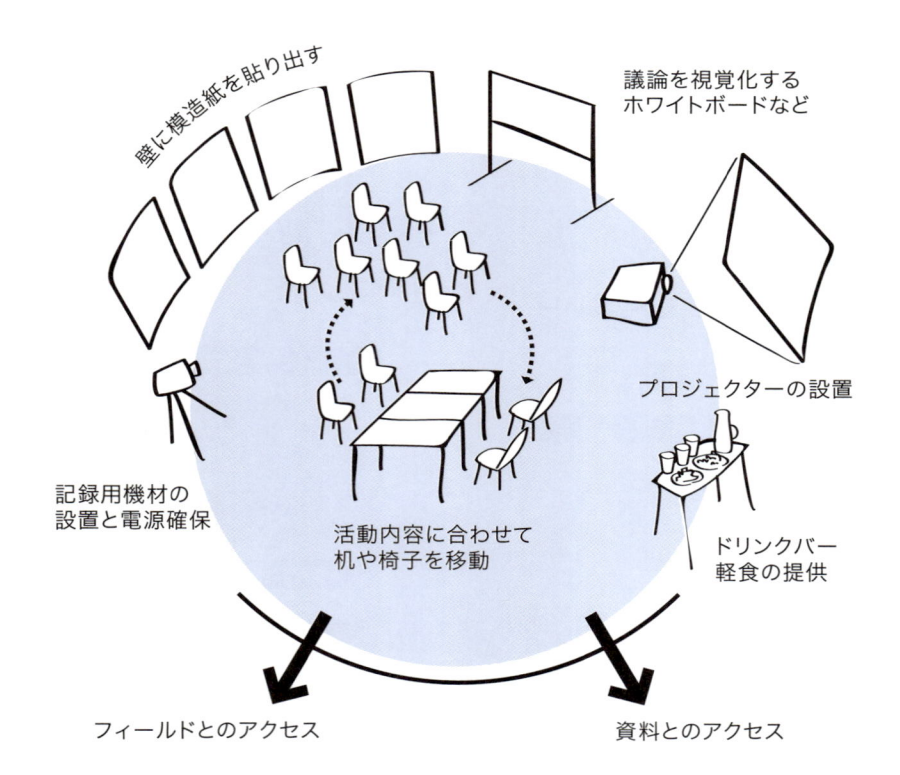

図1. ワークショップ空間のデザイン

場でのプロトタイピングが可能になり、議論も深まる。例えば組立てブロック玩具、紙粘土、色紙、ボール紙、段ボールなどがあるとよい。

また、これらの素材を加工するための道具も必要となる。カッターナイフ、カッターマット、はさみ、定規、接着剤、ホットメルト接着ガン、粘着テープなどである。

さらに、レンタルスペースを使用する場合には、会場を汚さないような工夫も必要である。

道具の使い方については、ワークショップ開始前に、参加者同士で練習をしておくとよい。例えば模造紙やふせんへの文字の書き方、資料の掲示の仕方などを事前に確認しておくと、最終的に残る資料の質も変わる。

③ 参加メンバーの選定

目的に合わせてメンバーを集めることはいうまでもないが、さまざまな立場の人々を集めるために、時間調整や趣旨説明はていねいに行っておきたい。また、ワープショップ進行中は、参加メンバー全員がそれぞれの立場にとらわれずに議論できるような配慮も必要である。

一般に議論中心のワークショップでは「傾聴」「否定しない」が原則となっており、デザインワークショップもこれに従う。

④ プログラム

ワークショップの進行を考えるうえで、ふたつの軸を意識する。ひとつは、目的を達成するための手順と時間配分、もうひとつは参加者たちが相互に影響しながらそれぞれの力を発揮できるような流れを作ることである。

ワークショップのよさは、視点の異なる複数の人々の参加による集合知の活用と、結論までのプロセスを参加者が共有することによる納得感にある。この特徴を生かしたプログラム構成をデザインする必要がある。

一般にワークショップでは、メインの活動の前にアイスブレイクとよばれる参加者の相互理解のための活動が用意される。こうした時間を取りにくい場合は会場設営を参加者とともに行ったり、ワークショップ当日までの経過をアクティングアウトなどで提示することで、場の雰囲気を作る方法もある。

中盤に時間がかかり過ぎて、終了時間までに当初想定したゴールまで辿り着かない場合にどうするかといったことも、あらかじめ想定しておきたい。また、ワークショップ終了時にリフレクションのための時間もとっておくことも必要となる。

これらをふまえると、ワークショップ活動時間の最初の1/3は準備と導入、中盤の1/3が実質的なグループワーク、最後の1/3がまとめとふりかえり、と考えて計画を立てるのが適切である。

⑤ スタッフの役割

ワークショップの進行の鍵となるのがファシリテーターとスクライバーである。

ファシリテーターはワークショップの進行役を担う。ワークショップの目的を理解し、ゴールに向けて参加者の意識がまとまっていくよう、グループワークの進行や議論の流れを支援する。限られた時間の中で参加者が納得し、一定の成果を形作る必要がある。単なる司会やタイムキーパーではなく、中立な参加者として、デザインの知識を総動員してワークショップの質を高める調整役を負う。

スクライバーは出来事の記録者である。議事録を作ることではなく、議論や活動の流れを構造的に視覚化し、参加者がいつでも自分たちの活動をふりかえることができるようにする役目を持つ。具体的な言葉を簡潔に残し、(誰が)どんな場面でどんな発言や行動をしたかを確認できる活動記録を残す役割を担う。ファシリテーターもスクライバーの表現を確認しながら、進行の管理をする。

Chapter 2

コミュニケーションデザインをワークショップで学ぶ

Communication Design　　The Workshop of Information Design

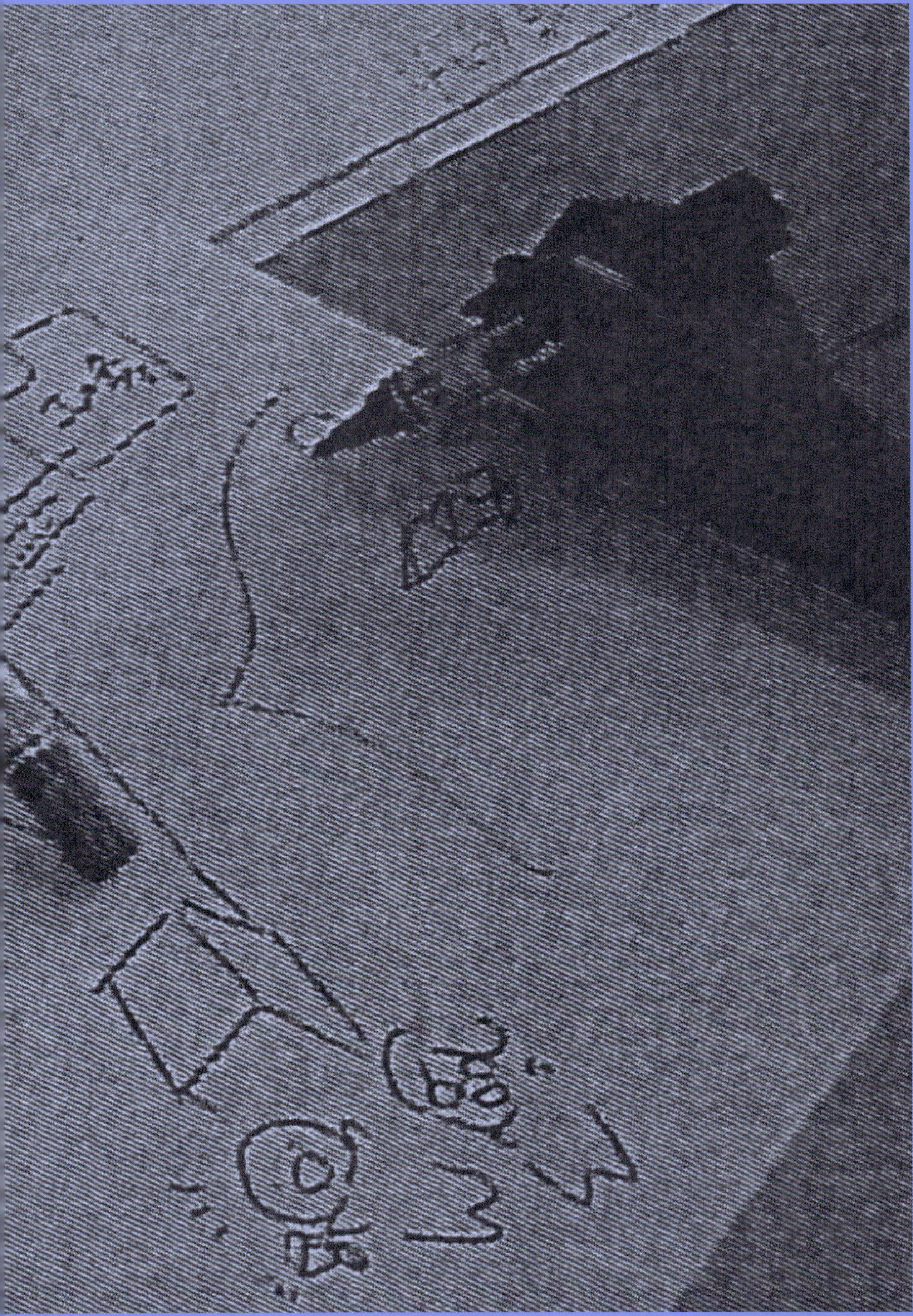

2-1 コミュニケーションデザインにおけるワークショップの活用法 —全体像と目的を知ろう—

1 コミュニケーションデザインとは

　デザイン活動の質が変わりつつある。従来は要求された仕様に合わせて期限までに形作って納品するといった作業的な役割が主であった。しかし、まだ明確になっていない課題をクライアントやユーザーとともに発見・共有して解決策や新たなサービス*1を作り上げていく、プロジェクトリーダーとしての役割がデザイナーに求められるようになってきている。このプロジェクトやその対象となる人々のコミュニティの中での情報共有*2も重要なデザイン対象である。コミュニケーションデザインとはこのような、コミュニティの活動を活性化させて、日常をより豊かな経験に変えていくための情報デザインである。企業の広告や広報活動などのマスメディアのデザインもコミュニケーションデザインと捉えられるが、情報通信技術の進展によりメディアが多様化した現在では、個々人の日常に密着したコミュニケーションの道具や仕組み、サービスのデザインが求められている。

　コミュニケーションデザインは、デザインプロセスの中の「発見」を目に見えるようにして共有する表現活動と位置づけられる。その成果物は時に、図解を用いた視覚表現*3であり、デバイスやネットワークを利用した道具であり、人々の日常生活を変えるサービスやシステムである。

2 理解：現状把握のためのコミュニケーションデザイン

　対象となるコミュニティ内において今起こっていることや積極的に進めていることなどを共有し社会に伝えるために、コミュニケーションデザインが必要とされる。そのプロセスは、まず目の前で起こっていること（現象、特徴など）を観察して*4、そこから得られたさまざまな事実（データ、具体的な活動）からその意味（思い、価値など）を解釈する。解釈した内容を表現に落とし込むことで、デザインの成果物として当事者間での確認や他者への説明が可能となる*5。この他者へ共有するプロセスがデザインの成果物の評価にもなっている（図1上段の流れ）。

3 提案：メッセージ共有のためのコミュニケーションデザイン

　まだ現実には存在しないサービスやプロダクトを視覚化し、社会を説得して実現に向かわせることも、コミュニケーションデザインの役割である。この場合、提案内容を受け入れるユーザーを理解し、ユーザーに伝わる方法で伝えるべき提案内容そのものを表現するデザインが必要となる。したがって現状把握した内容を踏まえ、表現するためのアイデアを広く発想し、それらを集約して伝えるべき言葉（メッセージ、文脈）を絞り込み、表現によって形を整えて、公開することで社会の評価を受ける*6（図1下段の流れ）。

4 理解と提案の循環

　コミュニケーションデザインは、「理解」すなわち現状の把握やすでに実施されている活動の視覚化のレイヤーと、「提案」すなわちこれから社会化されるべきメッセージの視覚化のレイヤー、というふたつのレイヤーを持っている。この「理解」と「提案」はひとつのデザインプロセスの大きな流れでもあり、図1に示すように、継続的な活動として関係づけることができる。

*1 サービスデザイン： ⇨p.50
*2 ディスカッションによるコンセプトの共有： ⇨p.34
*3 社会に向けた情報発信： ⇨p.38
*4 現状調査： ⇨p.26
*5 調査結果の視覚化： ⇨p.28
*6 社会に向けた成果物の発表と評価： ⇨p.40
*7 資料のドキュメント化： ⇨p.30
*8 デザインプロジェクトの資料化と共有： ⇨p.42

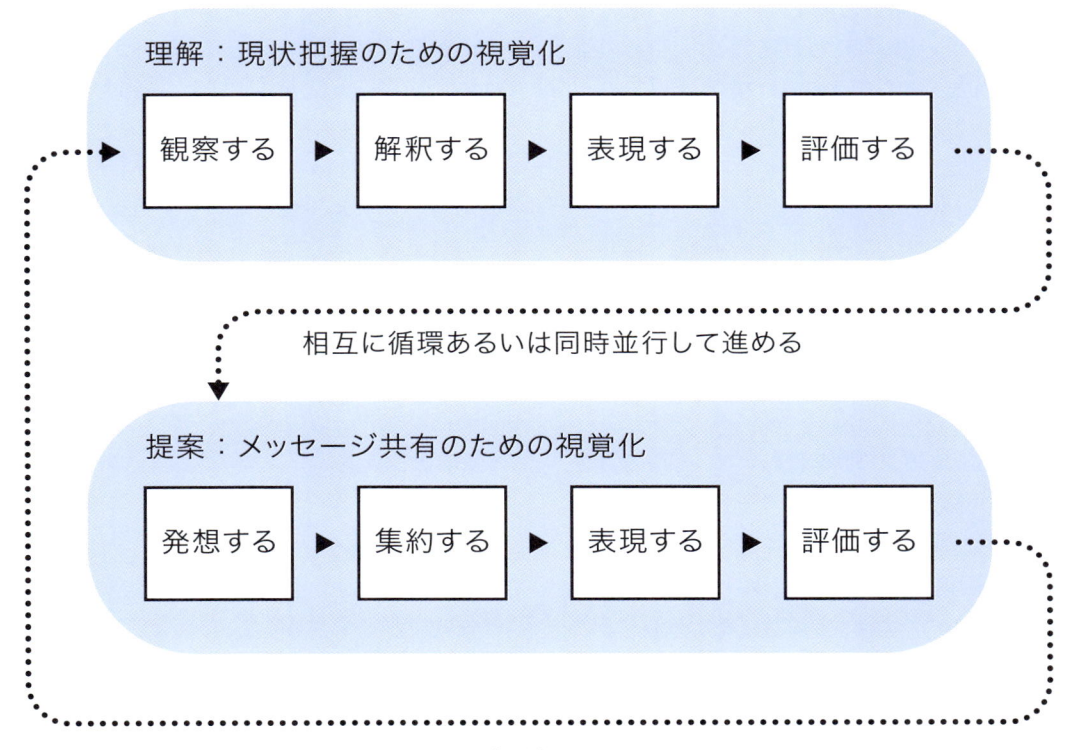

図1. コミュニケーションデザインのふたつのレイヤー（目的）

理解：現状把握のための視覚化
観察する → 解釈する → 表現する → 評価する

相互に循環あるいは同時並行して進める

提案：メッセージ共有のための視覚化
発想する → 集約する → 表現する → 評価する

「理解」と「提案」の循環あるいは「理解」と「提案」を同時並行して進める実践的なスキルが、コミュニケーションデザインの基本である。

5 活動プロセスの記述

現在のデザイン活動は多様な専門家のチームワークで進められ、さらにユーザーが参加する機会も増えている。こうした状況において、活動のプロセスをわかりやすく記述し、共有のための資料として活用する必要性が出てくる[*7]。プロジェクトとしての合意形成の過程の概要をつかんだり、そこからパターンを見つけ出してフレームワーク化したりと、ふりかえりの資料であるとともに途中参加を促したり結果の必然性を示すプレゼンテーション資料として提供したりするための視覚表現が必要となっている[*8]。これもコミュニケーションデザイナーの役割である。

6 コミュニケーションデザイン・ワークショップの役割

コミュニケーションデザインをワークショップ形式で実施する意義は、企画・調査から開発・設計、製造、販売、流通、そしてエンドユーザーに届くまで、複数の関係者の視点から課題を見つめ、効果的な解決策としてのデザイン成果物を導き出すことが可能になるということにある。関係者が日常の業務から離れた特別の空間に集結し、限られた時間で集中して理想の解決策を導き出すワークショップ形式は、実現可能なデザイン成果物を検討し、形作るための効果的な手段である。

2-2 オリエンテーション
―チームを作ろう―

① オリエンテーションの前に

どのようなテーマに取り組む場合でも、自分の見識から答えを出してしまうのではなく、テーマの全体像とその本質を考えてみることが重要である。まずは、何のためにワークショップを実施するのかという「目的」を整理しておきたい。

デザインワークショップにおいては通常、複数の目的が混在している。便宜的に分けると成果、チーム、学びの3つの階層となる（表1）。これらを混在させたままでは参加者ごとに焦点がずれてしまいがちなので気を付けたい。

ワークショップのプロセスにおいて、当初の目的を参照しながら、この3つの階層をそれぞれふりかえることで、新たな気づきや成果につながる。そのためには、必ず記録をとる体制を作ることが前提となる。客観的な記録だけでなく、参加者自身が体験したことによる内面的な変化についても、ブログなどによって言葉として共有しておくとよい。

② オリエンテーション

1. 参加者を集める段階から活動は始まっている

ワークショップは、参加者の選定、チーム編成の段階から入念に計画しなければならない。チームのメンバーは可能な限り多様な人から構成することで相互に創発し、学び合いが起こる。

2. チーム分けには自分の意思を反映させる

同じ属性を持つ集団や多彩な参加者を振り分ける場合、工夫できることはいくつかある。例えば、同じ種類の物体を選んだ者同士で集めたり、テーブル席までの道順をそのまま参加者の属性によってチャート化する、などの方法が考えられる（図1）。単なるくじ引きや、一方的に割り振るよりも、参加者の意思によって「集まった」という感覚を取り入れた方が、チームとしての結束も高まりやすい。

3. テーマとなる問題を「直ちに」自分ごとにする

テーマの出題の方法は、ワークショップ初期段階の関わり方を大きく左右する。デザインプロセスの第一のステップとして、問題への感情移入の重要性が知られている [*1]。問題を自分ごとにしていく方法として、共感しやすいプロジェクト名や問題の物語性を提示することによって、当事者意識や使命感、ゴールのイメージを素早く形成することができる。

③ チームビルディング

限られた活動時間の中で、メンバーの持つ能力の相乗効果が発揮されるかどうかは、そのまま成果に直結するといってよい。だからこそ、チームの信頼関係をマネジメントしていくためのノウハウは極めて重要となる。プロジェクトの初期段階において、チームの意識を1つにして、目的に向かって進んでいけるような組織体制を作ることをチームビルディングという。よく行われる例として、演劇由来のシアターゲーム [*2] や、困難な状況における問題解決を議論するコンセンサスゲーム [*3] がある。

またチームフラッグという方法は、メンバー一人ひとりの絵や写真を並べて配置することで、自然に仲のよいチームに見えてくるという形から入る仕掛けである（図2）。他にも、配布するパンフレットを用いた仕掛けなど、チーム作りに工夫できることはたくさんある（図3）。これらのチームビルディングの方法は、ワークショップにも活用できる。

[*1] An Introduction to Design Thinking PROCESS GUIDE（邦訳：スタンフォード・デザイン・ガイド デザイン思考 5つのステップ）http://designthinking.or.jp/

[*2] シアターゲーム：身体を使ったさまざまなゲームを行っていく中で、集中力や想像力などの演劇の基本的な能力を育成する訓練方法。多くのメニューが開発されておりアイスブレイクとしてよく取り入れられる。

[*3] コンセンサスゲーム：出題された問題をグループで話し合い、全員で回答を導き出すゲーム。ゲームのプロセスとそのふりかえりを通して、集団における合意形成の意味やその重要性を体感することができる。⇨p.86

表1. チームでコミュニケーションデザインワークショップを行う際の目的

目的の階層		帰属先	コミュニケーションデザインワークショップでの目的
1 成果	デザインする問題対象と、ゴール地点を把握すること。	社会	・社会におけるコミュニケーションの問題を解決する。 ・依頼主および社会にデザインによって解決できることの可能性を知ってもらう。
2 チーム	デザインを組織的に実現していくために行うこと。	組織	・1人ではできないことを協業によって達成する。 ・所属する組織の中に再利用できる経験知を蓄積する。
3 学び	長期的な学習活動の目的とその全体像を理解すること。	個人	・コミュニケーションデザインにおける基本的なプロセスを理解する。 ・インフォグラフィックスの作成技術およびデザインプロセスにおける使い分けを理解する。

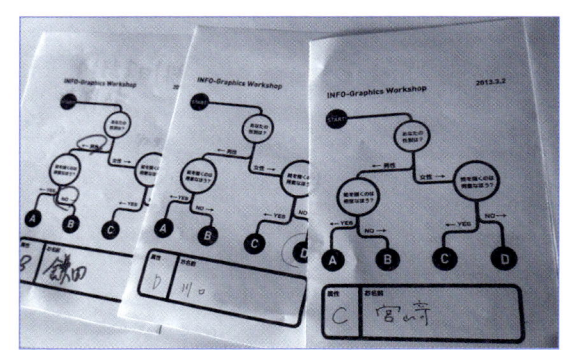

図1. チャートによるチーム分け
多様な参加者の属性を振り分けたい場合は、受付時にチャートを手渡すことで、着席までの間のオリエンテーリングとしてチーム分けを行うことができる。条件がそろえば、チャートにあわせて席につくことで自然とチームに分かれている。

図3. パンフレットへのメンバーのサイン
仲間意識の形成においては、見えにくいことを視覚化してみることは有効である。パンフレットに手書きでメンバーの名前を書き込む余地を取り入れてみた事例。名前を覚えると同時にチームの結束を記録として残すことができる。

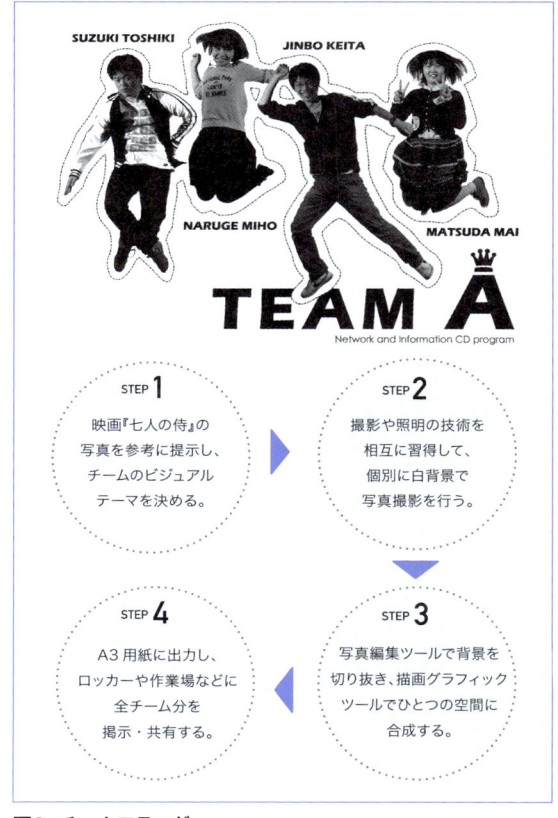

図2. チームフラッグ
技術を習得しながら共にビジュアルを考えて作る、という簡単な課題であり、初対面の人同士でも和やかに進めることができる。また印刷したものを一箇所にまとめて掲示し共有することで、全員の写真名簿にもなる。名前と所属チームを覚えられるとともに参加している全員の一体感が形成されるという効果がある。

2-3 ウォーミングアップ
―デザインプロセスの流れを理解しよう―

① ウォーミングアップの目的
ここではミニ課題 *1 を設定し、準備、発見（気づき）、表現、共有という一連のデザインプロセスを体験することで、本番の課題に向けてのウォーミングアップを行う。

② ミニ課題の設定
普段の体験をもとにした図解表現に取り組む。図解表現によるコミュニケーションの可能性を探るために、言葉が全く通じない状況において、どこまで相手に対する思いやりを持つことができるか、を問うものである。計5時間程度の課題を想定している。ここではミニ課題の一例として、日常的に使っている「学生食堂の利用方法」とする。自分たちが当たり前と思っているものでも、改めてよく観察・分析してみると、興味深い気づきがある。

③ ミニ課題のプロセス
1. 課題設定の準備をする

ここでは、日本語も英語も通じず、図による表現だけが唯一のコミュニケーション手段である「中東からきた留学生」をユーザーとして設定した。また、課題に対する感情移入の方法として、ストーリーテリング *2 を取り入れた。人を助けるという要素があることで、曖昧になりがちな「誰のためにデザインをするのか？」「いつ、どこでどんな風に見るのか？」といった利用シーンを自然に意識することができる。また、見慣れた題材には改めて興味を持ちにくいが、ストーリーを持たせることで現実にはない人の姿を想像し、どのように手助けできるかを積極的に検討できる。

2. 現場を観察して気づきを得る

学生食堂はどのように利用されているだろうか。実際に現場を見ないで想像だけで描くと「食べること」に視点が偏ってしまい、ポイントとなるセルフサービスならではの片づけの方法や待ち時間の存在には気がつきにくい。使う側の視点を持つには、現場観察が必須である。ユーザーの視点を意識しながら、動きやふるまいを詳細に追跡し、利用シーンごとに分解してみよう *3。新たな気づきがあるはずである。

3. 気づいたことをもとに表現する

観察が終わったら、A4の白紙の上に手書きで表現する。食堂を使うプロセスを俯瞰し、どこまで空間的に把握しているか、必要最小限のことを抽出できているかが問われる。ここで、主観的に切り取った場面のみで表現してしまうと、その行為をどこで行っているのか、シーンが変わるときに何を持って移動するのか、などのシーン周辺の物事の関係が見えにくくなるので注意が必要である。

4. みんなで共有し表現方法の違いを考える

完成したらみんなで共有する（図1-4）。伝達力の違いは、大きく映し出して比較すると際立つ。同じテーマ・画材でありながら、着眼点や画面構成がそれぞれ異なる。優れた成果物には、制作者の観察力と構成力がよく現れている。また課題によく入り込めている制作者ほど、完成度が高い。コミュニケーションの手段として欠かせないと思われていた言葉がなくても、適切に表現すればより効果的に伝わる場合もある。「伝わることの簡単さ、伝えることの難しさ」を体感できるミニ課題である。

④ ミニ課題を通した考察と展開
ここで学んでおくことは、以下の点である。

---

*1 ミニ課題の問題は次の通りである。学生食堂の前で1人の留学生が困っていた。お昼ごはんを食べたい様子だが、全く日本語がわからないため食堂の中に入っていく勇気がない様子である。それを見たあなたは、言葉は全く通じなくても、工夫次第で伝えられるのではないかと考え、食堂の中での手順を教えてあげることにした。その夜、一晩かかって手持ちの紙と鉛筆だけで、日本語も英語も一切使うことなく、上手に図解してみせた。

*2 ストーリーテリング： ⇨p.108

*3 質的調査： ⇨p.56

- 日常的な事物でも、コミュニケーションデザインのテーマになりうる。
- 調査で見抜いたことが、成果物に反映される。
- 課題に感情移入し、いつ、誰が見るのか、といった目的を明確に理解することで的確な表現になる。
- みんなで共有することで、表現が洗練される。

これらのポイントは、この後の本番の課題、実際の業務にも深く通じている。

図1. 学生作品例1
斜め上の視点から見た鳥瞰図のような空間表現が巧みである。手前の人物からの視点誘導も考えられており、一目瞭然で全体を見渡すことができる。

図2. 学生作品例2
マンガのようなコマを使って表現する者も多いが、この制作者は必要最小限の要素だけに絞って表現している。順番を表す数字すら用いていないことに注目したい。全体をよく見渡せるようにシンプルに描くことで、ユーザーに複雑さを感じさせず、食堂に入る背中を押す、という効果が生まれる。

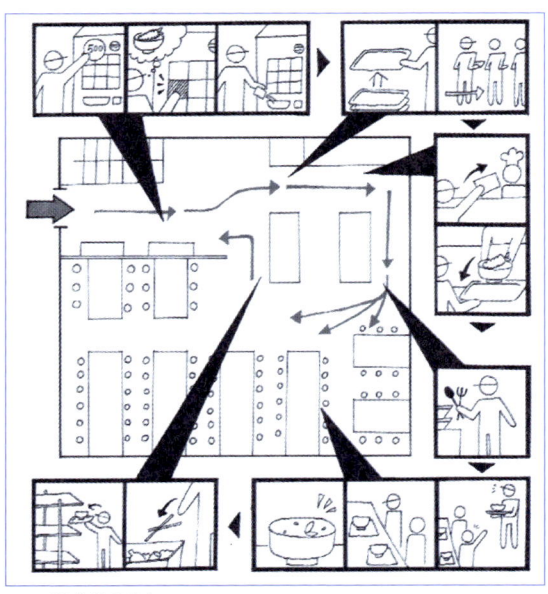

図3. 学生作品例3
全体の空間の説明と細部の手続きの説明を、色の濃淡と2層の画面構成によって構造化することで成立させている。目が矢印を追い、自然に視線が誘導されるような設計がなされている。

図4. 学生作品例4
画面構成としてはやや視点を混乱させるところもあるが、コマと空間を組み合わせた手順の説明の丁寧さに加えて、盲点になりがちな「移動時の所持物」に焦点を当てている心配りが秀逸である。

2-4 ワークショップの企画
―目的に合わせて計画を立てよう―

① ワークショップの題材

デザインワークショップの成果は何らかの表現（物）として共有される。その中でもコミュニケーションデザインにおける成果物は、取り上げる題材についての「視覚化表現」といえる。現状や提案の内容、今後進むべき方向やあるべき姿を、図解表現すなわちインフォグラフィックスとして表すことで、チームメンバーやその周囲の人々が現状を把握・共有しやすくなる。

また、社会に向けた企業活動やビジョンの発信、新製品のプロモーション企画などにもワークショップを活用できる。「プロジェクトのどの段階で、どのような情報を視覚化するか」ということがワークショップの題材となる。

② ワーククショップの計画

コミュニケーションデザインのプロセスについては2-1で説明したが、こうしたデザインプロセスのどの部分をどのようなワークショップとして実践すればよいだろうか。デザインプロセスにワークショップを重ねた図1を例に、その考え方を示す。

1. デザインプロジェクト全体

製品やサービスの提案など、ひとつのプロジェクト全体をワークショップとして実践することができる（図1のA）。1日、あるいは数日間の合宿形式など、参加メンバー全員が一定期間、特定の場所で集中的に膝を突き合わせてひとつのプロジェクトに取り組むことになる。場所の確保やスケジュール調整、成果の活用方法について綿密に計画しておく必要がある。

2. デザインプロセスの各ステップ

デザインプロセスは「現状（課題）把握」と「課題解決」のサイクルを繰り返していく。デザインプロセスを情報収集～課題発見、解決方法の検討～新たなデザイン提案といった2～4段階に分け、それぞれを順に、あるいはプロジェクトの中で集中的に進めるべきであると判断されるフェーズを取り上げてワークショップを行うこともできる（図1のaやb）。この場合も1回のワークショップは1日程度。メンバーが集中して活動できるような環境作りが必要となる。

3. デザインプロセスの個々の活動

フィールドワークやインタビュー、コンセプトメイキング、表現アイデアの展開、表現の絞り込みなど、デザイン提案を結実させていく一つひとつの活動をワークショップで行うのもよい（図1の01～08）。デザインプロセスを順を追って体験しながら、各過程で必要とされるスキルの理解を深めていくこともできる。授業プログラムや市民を巻き込んだ参加型デザインなどでは、個々の活動をじっくり共有・理解しながら進めていくのが効果的である。ワークショッププログラムをデザインする練習としても適度な規模といえる。

③ ワークショッププログラムのデザイン

ワークショップは予定調和の活動プログラムではない。想定を越えた魅力的な成果を導き出しながら、そのための合意形成を得るためのワークショッププログラムのデザインとファシリテーションが求められる。活動ごとに適切なフレームワーク[1]やワークシート[2]、デザインツール[3]を用意する必要がある。次節から順を追ってこれらを解説していく。

---

[1] フレームワーク： 情報整理や発想を支援するための体系化された思考方法の枠組みや、それを表記するためのテンプレート。KJ法、SWOT分析などはデザイン分野でも多く用いられる。

[2] ワークシート： 情報収集を行う上で、収集項目や内容に漏れがないように、あらかじめ集めておきたい情報の項目を定めた記入用の書式。「あたりまえ」の情報も「独自」の情報も漏らさないように作成したい。

[3] デザインツール： 議論、試作、共有など、ワークショップのほとんどの活動は表現行為を伴う。場面に合わせて表現のための道具を用意すること、またこれらを使いこなすことがワークショップの成功につながる。

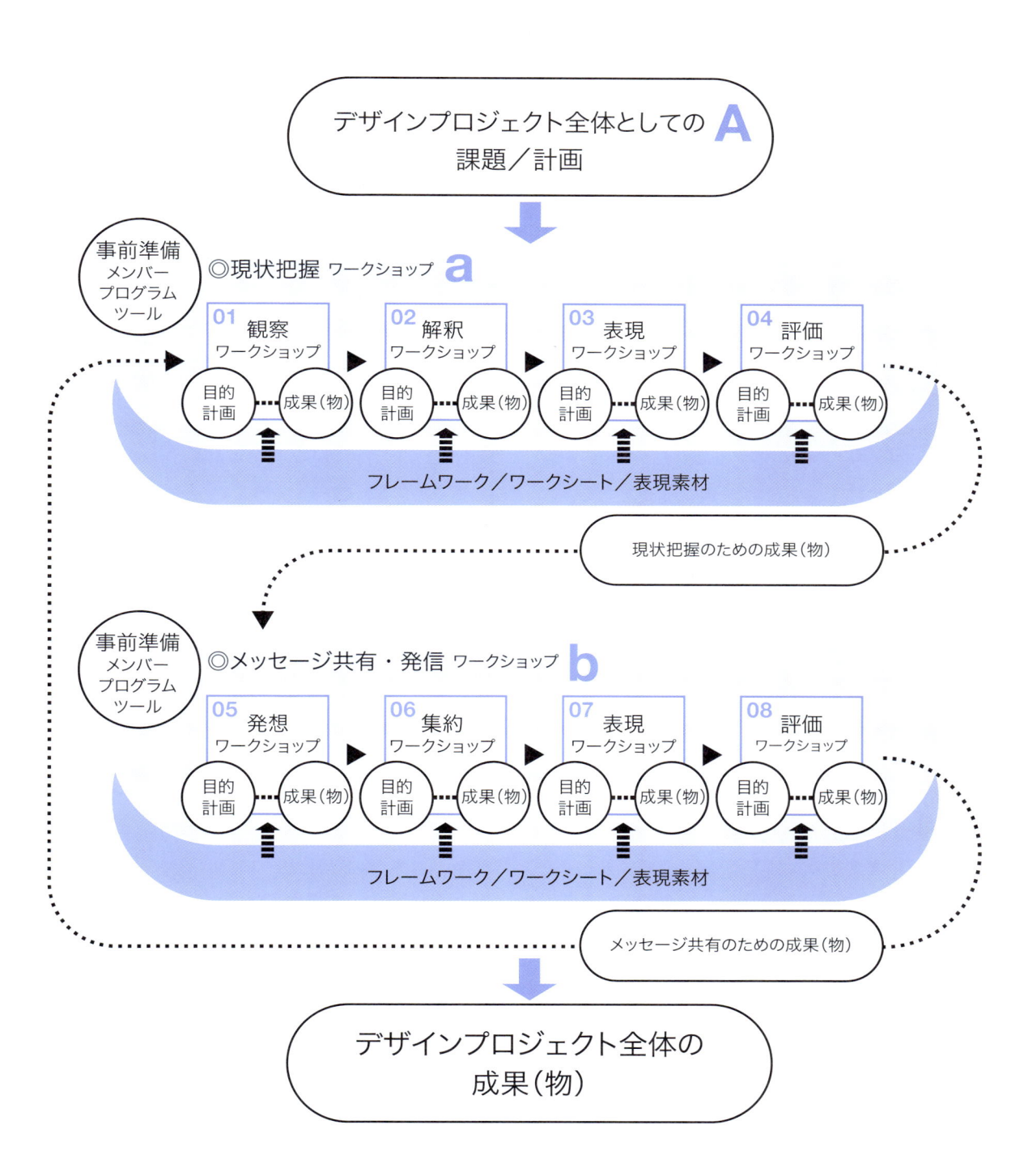

| 目的に向かって準備する | 問題を理解する | 解決策を提案する | 提案を省察する | 25 |

図1. デザインプロセスへのワークショップの活用の考え方
Aのレベル：1つのデザインプロジェクト全体をワークショップとして実施
a,bのレベル：現状把握、メッセージ表現など、デザインプロセスの各フェーズをワークショップで実施
01〜08のレベル：デザインプロセスの各ステップでのアウトプットを目的としたワークショップの実施

2-5 現状調査
—現場の実態と社会的な状況を調べよう—

① 現状調査の目的

2-3のミニ課題において、デザインプロセスのおおまかな流れをつかんだのち、本番の課題に入る。ここは、課題を設定し、最初の「調べるための活動」という準備段階である。目的は、できるだけ多くの情報を集め、対象を正確に理解することである。ひとつの事例として東京都大田区にある町工場（東新製作所）のフィールド調査[*1]を紹介する。

② 課題

課題は対象となる企業の活動および現状を調べ、視覚化することである。この課題は2回にわたる。2-5では現状調査、2-6ではその視覚化を行う。この課題を通して、コミュニケーションデザインのための調査の方法を学ぶ。

③ 現状調査のプロセス

1. フィールドワークの方法を理解する

フィールドワークは、統計調査のような数や量に基づいて答えを出すのではなく、対象はどのようになっているのかという「質」によって物事の意味を捉える手法である[*2]。想像や仮説は含まず、フィールド（現場）を実際に見に行き、自分の眼と足で徹底的に事実だけを収集するのが基本である。その手段として次の3つがある。

1）ユーザー（人）と現場（場所／環境）を観察する
2）ユーザーと相互に関わり合い、対話する
3）自分でも体験してみる

この段階は、単にデータを収集しているわけではないので、対象に真摯に向き合い、自分ごととして認識するために不可欠なプロセスである。

2. まずは現場へ行く

まずは日程を調整し、現場に向かうことから始めたい。現場に行き、空気を味わうことで少しづつ課題対象の輪郭が見えてくる（図1、2）。可能であれば、現場での作業を体験させてもらうとなおよい。ただし、初めて経験することはすべてが新鮮であるがゆえに本質を見落とす場合がある。現場の雰囲気などに慣れるまでは定期的に通うべきだろう。一回訪問したぐらいでは現場の実態を把握することは難しい。

3. 現場での関わり合い

インタビューをする場合、対象は1人だけではなく、できる限り複数人かつさまざまな立場の人にあたることが基本である。そうすることで、多様な事実が浮かび上がってくる。例えば、経営者や職人、営業、事務といった人々へのインタビューを重ねることで、それぞれの見ている点が違うことがわかる。

また、その場で気がつくことには限界があるため、メモ、録音、写真、ビデオなど、後で見直すことができるようなデータを豊富に残しておくことを心がけよう。チームで集めたデータを解釈する際に、根拠となる生データがないと、事実として扱いにくい。

4. 社会的な位置づけ

調査においては、当事者の話以外にも、社会的な位置づけや、産業の仕組みについてよく調べる必要がある。例えばこの事例の場合、多くのインタビューを実施したとしても、その言葉の背景にある意味は、町工場街が発展した歴史的経緯と、現在の製造業が直面しているグローバリズムの状況抜きには、町工場が置かれている状況を正しく読み解くことはできない。企業の置かれている状況や今後の戦略を理解するためにも、ビデオや雑誌記事などのパブリ

[*1] 「コミュニケーションデザインワークショップ インフォグラフィックを用いた共有・継続のためのデザイン」主催：情報デザインフォーラム、日程：2012年8月、会場：千葉工業大学

[*2] 参考文献として、佐藤郁哉, フィールドワークの技法, 新曜社, 2002. がある。デザインへ応用する場合は研究のような学問的な厳密さよりも、問題発見を主な目的として取り入れられている。限られた持ち時間の中で調査における優先順位を考慮しながら行う必要がある。

[*3] リアルタイム・ドキュメンテーション：⇨p.30

[*4] ファシリテーター：⇨p.12, 15

図1. 対象企業の商品
実用的な部品の受託生産だけでなく、アイデアを生かした金属加工の製品を生み出していることが見えてくる。

図2. 工場を見学し職人達と同じ時間を過ごす
仕事の様子が共有できるスペースをよく観察していると、部品加工の手間と時間、占有する場所が密接に関係しながら進められていることがわかる。

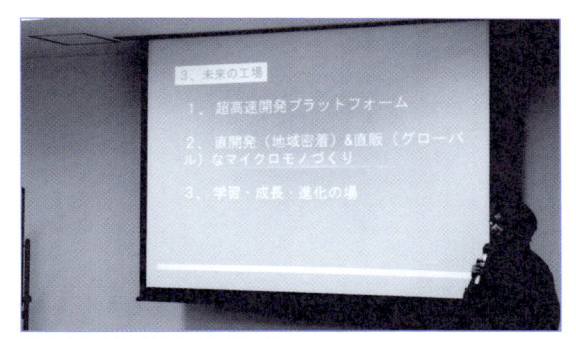

図3. 経営者のプレゼンテーション
自社のビジョン、活動内容、社外ネットワークについて話している。インタビューは時間的制約が伴うため、ワークショップの場合には、まとまった話として一斉に情報交換することも効果的である。

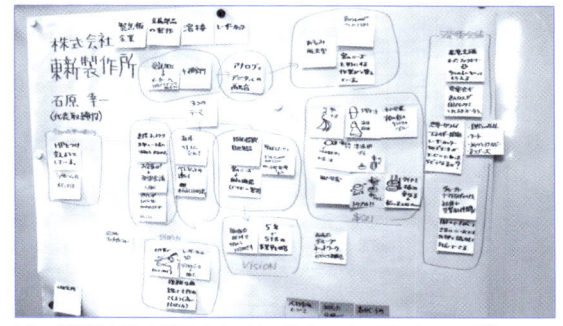

図4. 講演内容のリアルタイム・ドキュメンテーション [*3]
図3の講演内容は、全員で共有できるようにリアルタイム・ドキュメンテーションが行われた。話題が構造化され、その後のデザインのポイントにつながる部分がつかみやすいようにまとめられている。

シティ、Webサイトなどの企業が発信している情報とあわせてビジネス雑誌系のWebサイトのニュース程度は目を通しておく。また、同じ課題を持った類似例を探して、その現状や成果についても調べておきたい。

④ 課題を通した考察と調査の工夫

複数のチャネルから丁寧にデータを集めていくことで、目的にあわせたデザインのストーリーが徐々に浮かび上がってくる。ただし、この段階では、「今どうなっているか」という現状を自分の感覚で捉えることが大切であり、まずは好奇心と行動力を優先して可能な限り視野を広く持つ方がよいだろう。

ワークショップの限られた時間の中では十分な調査時間を得ることは難しい。ましてや対象となるフィールドが近くにない場合はなおのことである。そういった場合には、調査活動を短縮するために、事前準備を綿密に行っておくことが大切である。例えば、該当企業の様子をビデオ撮影してビデオクリップを作っておくことや、関係者にワークショップ会場に出向いてもらい、プレゼンテーションをしてもらったり参加者の質問に対して対話をしてもらうなどの方法（図3、4）がある。なお、ファシリテーター [*4] はこのようなとき、参加者がデザインを行う対象に感情移入できるだけの質を伴うデータを用意することを心がけたい。

2-6 調査結果の視覚化
―結果を共有し考察しよう―

1 調査結果の視覚化の目的
2-5現状調査を経て、ここではグループとしてどのような情報を手に入れることができたかを視覚化し、俯瞰する。こうすることで対象がどのような可能性や課題を持っているかを把握することができると同時に、グループのメンバーと現状を共有できる。また、調査が不足している部分を明らかにすることができる。

2 課題
課題は、対象となる企業の活動および現状を調べ、現状調査でわかったことをもとに、その結果を視覚化することである。この課題を通して、コミュニケーションデザインのための調査段階における効果的な伝達と共有の方法を学ぶ。

3 調査結果の視覚化のプロセス
1. 生データを構造化する

まずは集めたデータをふせんを使って分解し、一覧できるように広げる（図1、2）。次に、情報の意味関係をもとにした論理構造を目に見えるよう組立てることで、つかみどころのない複雑なことも整理して理解できるようになる。これを情報の構造化[*2]という。構造化のステップは、大きく分けて以下の4つである。

1）素材データの収集：集める
2）目的と対象の理解：並べる
3）情報の分類・整理（組織化）：分ける／まとめる
4）モデルの構築：組立てる

情報の構造化をすること自体は目的ではないので、何のためにこの作業を行うのかを明確にしておく。次に、分類・整理である。似たものをまとめることで情報のかたまりを作る。この段階を情報の組織化ともいう。情報の組織化を行った後、まとめたかたまりからさらに新しい意味を見出す。これは、相互の因果関係や一定の軸をもとに配置することを通して意味を捉え直し、視覚的な図などのモデルを構築する、といった作業である。構造化の過程で不十分な点が見つかれば再びやり直す。このような手順が構造化の基本的な流れである。慣れてくれば視覚的に捉えるコツもつかめて容易になるが、経験が浅いうちは何度も試行錯誤し、よく考えてみることが大切である。

古典的な発想法であるKJ法[*3]は、この視覚化の各ステップ（単位化・データの展開・グルーピング・概念化・構造化）を内包している。KJ法の正しい方法を理解しておくとよい（図3）。

2. 共有と議論

おおまかに図ができると、図中のふせんに書き込まれた文字や絵を見ずにラベルだけの図として考えてみよう。うまく構造化ができていると、抽象化されたモデルが見えてくる。一度でうまくいくことは少ないが、根気強く続けていくとモデルが見えてくることが多い。諦めないで根気強く考えることが大事である。そして、この段階で最も気をつけなければならないことは、集めたデータを視覚化して見えてきたことと同時に、「そこで語られていないこと」や「今ここにはないが重要なこと」を見抜く視点である。つまり視覚化されていない部分にも大きな意味があるということである。

データを集めるとはいっても、ジグソーパズルのように全部そろっているわけではないため、集めたデータをもってしてすべての事柄を説明できるわけではない。冷静になって議論する、軸を定めて空間的に

[*1] えほんやく - 絵本のような翻訳 -
http://oumlaut.net/ehonyaku/

[*2] 情報の構造化：複雑な物事の本質をつかみ創造的なアイデアを生み出すため、そしてユーザーが混乱しないような操作体系を構築するために、デザインプロセスの各段階で応用できるスキルである。教 p.106

[*3] KJ法：無秩序なデータを空間的に分類・構造化し、それらをまとめていく中で人間の持つ直観を用いてひらめきを生み出す方法。さまざまなアイデアやデータを収束させるための手法としてよく用いられる。教 p.93。参考文献として次が挙げられる。川喜多二郎，発想法，中央公論社，1967.

図1. ふせんを使って分解する
ふせんは離れても見えるように、やや太めのペンで描こう。分解する際は文字だけでなく、自分なりのまとめ方を工夫していく姿勢を持ちたい。この図の作者は、ストーリーを交えて「えほんやく*1」という独自のスタイルを生み出した。

図2. 集めたデータを一覧化する
集めたデータを1箇所に広げる。ふせんだけではなく、写真やスケッチなども含めて扱うと、問題がさまざまな角度から捉えることができる。また色や記号を用いて、データの質（事実と解釈）を分けておくことが大事である。

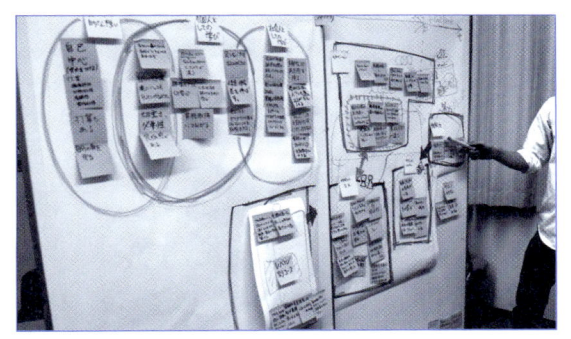

図3. 意味ごとにまとまりをつけて構造化する
作成したふせんのまとまりをもとに、意味を見出し関係を目に見える形に変えていく。これはKJ法の例であるが、個別の事象を俯瞰し、視点を切り替えながら、関係を視覚化していく。

図4. 関係図のスケッチ
浮かび上がってきた関係の仕組みを、目に見える形でスケッチしてみる。この参加者には、対象企業の調査から抽出されたデータから、ネットワークによる参加型モノ作りのモデルが見え始めた。

マッピングして考えるなど、大切な事柄を見落とさないように気をつけたい。

④ 課題を通した考察と展開

多方面から集めたデータを構造化していくと、この企業の事業がどのような関係によって成り立っているのか、といったことが徐々に浮かび上がってくる（図4）。その関係を誰もが指さして理解し合えるように視覚化された図が、この段階の成果である。みんなで共有し考察することが目的なので、美しく表現されていなくても問題ない。

この事例でいえば、対象企業や東京都大田区周辺の町工場が持っているさまざまな技術を共有し、ネットワーク化していくことでどんな可能性が生まれるか、そしてデザイナーには何ができるかといった議論がこれらの図をもとにして展開できる。視覚化を通して、先の段階である社会に向けたメッセージ表現や発想のきっかけが生まれていくのである。また、ここで調査が不足していると判断したら、次の段階に進む前に追加の調査としてインタビューや資料の収集を行う必要がある。

2-7 資料のドキュメント化
― 情報のまとめ方を学ぼう ―

1 資料のドキュメント化

ここで取り上げる「資料」とは、デザインプロジェクトの過程で生成されるすべての表現物を指す。とくに、デザインワークショップの中で起こった議論や中間表現物は、創造活動中のある瞬間にのみ必要なもので、その使命を果たした後は分類・整理されたり廃棄されたり、後で顧みられることはほとんどなくなってしまう。しかし実はデザインワークショップの成果には最終成果物だけでなく、そのプロセスも含まれる。最終成果物の必然性を証明するのは、活動過程で生み出された発話やスケッチなどの表現を含めたプロセスだからである。

どのような経緯で最終提案にたどり着いたかを記録として残し、参加メンバーが後にその活動をふりかえったり、他者に説明・共有する場合の証拠となるのがワークショップのドキュメントを残す目的といえる。

2 リアルタイム・ドキュメンテーションの枠組み

活動内容の資料化と活用に欠かせないのがリアルタイム・ドキュメンテーション(Real Time Documentation：RTD)である。RTDとはワークショップや授業、イベントなどを対象に、図解や映像を用いてその出来事を進行と同時に記録・表現し、その場に参加している人々に提示しながら、活動共有・ふりかえりのためのメディアとして、さらにその周辺の人々への伝達のためのツールとして活用するものである(図1)。リアルタイムで行う理由は、一期一会の場であるワークショップの進行状況や成果を「その場で確認、共有できる」ことを重視するからである。

記録は手描きのスクライビングに加え、パソコン、スチルカメラ、ビデオカメラ、プリンタなど身近なIT機器を駆使して、ドキュメント・ウォール(Document Wall：DW)[*3]、RTV(Real Time Video：動画)、RTP(Real Time Paper：新聞)、RTB(Real Time Book：冊子)などのメディアをワークショップの終了時点を期限に完成させる。

記録の対象期間は、ワークショップの準備段階から開始し、ワークショップの終了時にこれらの記録を資料として参加者に手渡すまでである。ワークショップの趣旨やプロセス、全体像を第三者でもつ

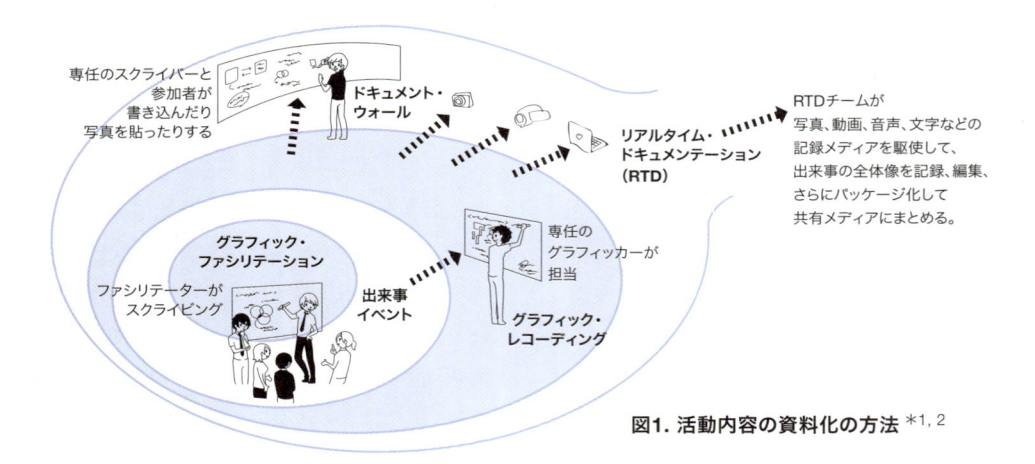

図1. 活動内容の資料化の方法 [*1, 2]

[*1] グラフィック・ファシリテーション： 議論の拡散、収束に関わり、予定調和ではない創造的なディスカッションの場を作り出していくことがファシリテーターの役割である。そのためにホワイトボードや模造紙への視覚表現を積極的に用いる。司会として、アドバイザーとして、参加者がその場での目的を達成できるように舵取りを担う。ファシリテーターは議論の内容をさまざまなフレークワークを駆使して視覚化し、参加メンバーが納得しながら活動を進められるように支援する。

[*2] グラフィック・レコーディング： 活動や議論の内容を第三者的に観察しながら聞き取り、視覚的な議事録を作り上げていく。発話をひたすら記録したり、イラストを用いて比喩的な表現を場に投げかけたり、図解によって活動(議論)内容

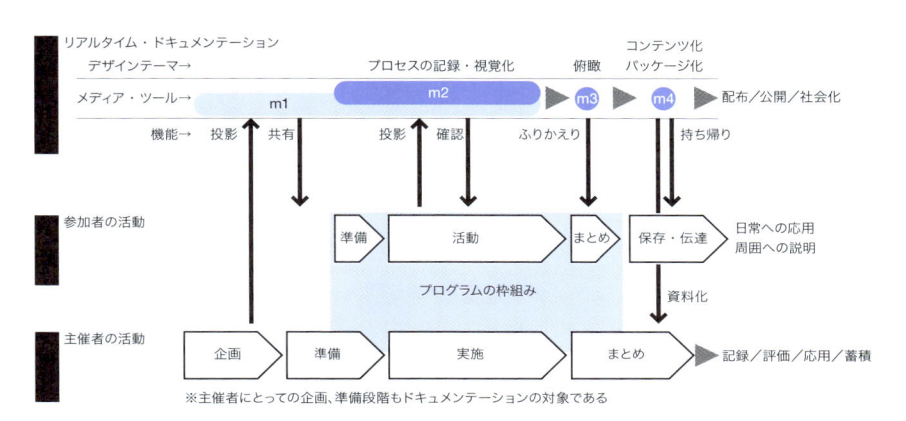

図2. ワークショップの流れの中でのリアルタイム・ドキュメンテーションの対象と機能
m1: ドキュメント・ウォール　m2: グラフィック・ファシリテーション／グラフィック・レコーディング　m3: RTV（リフレクション・ムービー）　m4: RTP, RTB

かめるように、客観性を意識しながら記録者の主観（解釈や表現方法）も含めて編集（取捨選択とレイアウト）し、メディアに落とし込んでいくのが記録者の使命である。

③ ワークショップ内でのRTD実践

ワークショップでRTDを行う場合は、ワークショップ主催者やファシリテーターと事前の打ち合わせで意識共有を図ったうえで、現場に臨みたい。もちろんこの事前準備についてもドキュメンテーションの対象として記録に残すべきである（図2）。

RTDは、ワークショップというユーザー体験の観察と記述であり、また出来事からコンテンツを抽出してメディア化する創作活動でもある。観察という視点からは出来事の推移や本質、各参加者の行動や発話について文脈や真意をできるだけ公平にくみ取り、文字や映像、図に変換していくスキルが求められる。表現という視点では、グラフィックデザインや映像表現の知識や技術はすべて活用できる。

経験の浅いメンバーがRTDを担当する場合は複数人数で実践するとよい。それぞれ異なるメディアを担当したり、取材担当と編集担当で収集と表現を分担するなど、重要な情報は漏らさず記録しておくことを前提に、試行錯誤をしながらより効果的なRTDの方法を探ってほしい。

ワークショップデザインによっては、すべての記録をスクライバー*4任せにせず、参加者がアイデアや意見をまずふせんなどに書き出してからそれをもとにコメントするなど、参加者全員が協力しあって議論を進めていくことが望ましい。

④ 次の活動への橋渡しとしてのRTD活用

記録は手段であり、RTDの本質はその活用にある。RTDはワークショップの成果をこの後どう生かしていくかを考えるうえで欠かせない資料となる。ワークショップの締めくくりには、RTVの上映やDWを用いてスクライバーやファシリテーターが活動全体を参加者に向けて説明し、参加者全員で活動をふりかえり、その意味づけを行うリフレクション*5の時間をワークショッププログラムにあらかじめ組み込んでおきたい。このとき、参加者からのコメントもRTDに追記して残したい。RTVやRTP、RTBは、参加者がワークショップの成果を個々に持ち帰り、今後の活動につなげるための資料となる。

の全体像や因果関係を視覚的に表現するスキルが求められる。最終成果としての記録表現には、担当するスクライバー（グラフィッカー）のスキルや個性も含めて、エンターテインメント性のある作品的な色合いも含まれている。

*3 ドキュメント・ウォール： ワークショップ会場の壁面を利用して、ロール状の模造紙に、壁画のように活動の記録を時系列に表現していくRTD手法。ドキュメント・ウォールは常に参加者の視野に入り、参加者や見学者が活動を俯瞰するための演出ツールにもなる。

*4 スクライバー： ⇨p.15

*5 リフレクション： ⇨p.46

2-8 現状把握の結果の視覚化
―コンセプトのプロトタイプを作ろう―

1 視覚化の目的

現状調査をした結果は、視覚化や資料のドキュメント化によってその構造がはっきり見えてきた。しかしそれは、グループ内で共有するためにきれいにまとめたものに過ぎない。誰に対して、どんなビジョンを伝えたいのか、グループから出て外の誰かに向けて発信しようとすると、自ずと表現方法は変わってくる。相手の思考のフレームを考え、誰のために、何を、どのように伝えることが最もふさわしいのかなど、表現のコンセプトを考えていかなければならない。これはこれからの作業で最も重要なことなのである。

ワークショップは、個人の技をグループの力でさらに輝きをかけるものだが、その過程において優れたアイデアが埋もれてしまうことがある。これは声の大きな人と引っ込み思案の人、スケッチがうまい人と不得手な人、説明がうまい人と苦手な人などの組み合わせの中などでよく起こる。しかしこれらの後者に中に、さりげないが鋭いアイデアが潜んでいる可能性がある。

2 視覚化の課題設定

ここからは調査結果をもとに現状把握のためのインフォグラフィックス*1を制作することを課題とする。そのためにまず、プロトタイプ作りに向けて再度個人レベルのアイデアに立ち返り、改めて整理し直すことで相手にわかりやすい魅力的なコンセプトを立ち上げることを目的とする。

3 インフォグラフィックス制作のプロセス

現状把握のためのプロトタイプは、グループで共有した構造を参考にしながら個人で行い、A3用紙1枚にまとめる。その方法は、現状調査で得たデータを図1のインフォグラフィックス制作のプロセスに一つひとつに当てはめて考えるとよい。

このプロセス図には、コンセプトに考えが行き着くための流れ、またコンセプトが決まってからの表現の味つけとして何をしたらよいのかといった、表現のためのエッセンスが凝縮されている。この中でも、軸となるのは中心にそびえているコンセプトの柱である。家に例えると大黒柱で、どこかに不安材料があったり、ふらついていたり、間違っていたりすると最後には必ず崩壊することになる大切なものである。コンセプトは方向性を決める最も重要なものなので早いうちにしっかりと固めなければならない。柱の左の立体フレームは、物事を考えるとき、どうしても自分の視点（固定観念）から見てしまいがちなときにその固定観念を強制的に壊すことができるアイテムである。他の人の視点を意識するために、心の中で物事に被せる、あるいは見立てる定規として使う。さらに相手の視点を意識するリフレーミング*2、相手にとってわかりやすい表現や言葉づかいにするフレームワーク*3、共感させるストーリーテリング*4の各手法に、自分が観察、リサーチ、インタビューを通して得たデータを被せていくと、初めはぼんやりしていても次第にその答えがはっきり見えてくる。それがコンセプトというものである。

4 インフォグラフィックス制作のポイント

デザインの方向性が決まれば、相手に伝わるメッセージ作りのために柱を登っていく。伝えたいメッセージははっきりしているか、引きつける魅力的な表現か、多くをいおうとして本質を見失っていないか、表現は見やすいか、説明的になりすぎていないかといった点に気をつける。

---

*1 **インフォグラフィックス**：言葉で伝わりにくいモノ・経験・概念などの「見えにくい情報」をダイアグラム、チャート、表、グラフ、地図、ピクトグラムなどを使って「わかりやすい形」にするグラフィックデザイン。地面に埋もれている見えにくいデータを掘り起こし、価値ある情報に変化させ、相手に伝わるメッセージにすること。情報を受け取った相手がさらに詳しく調べたり行動するためのきっかけ作りのデザインといえる。教 p.134

*2 **リフレーミング**：教 p.115

*3 **フレームワーク**：⇒p.24

*4 **ストーリーテリング**：⇒p.108

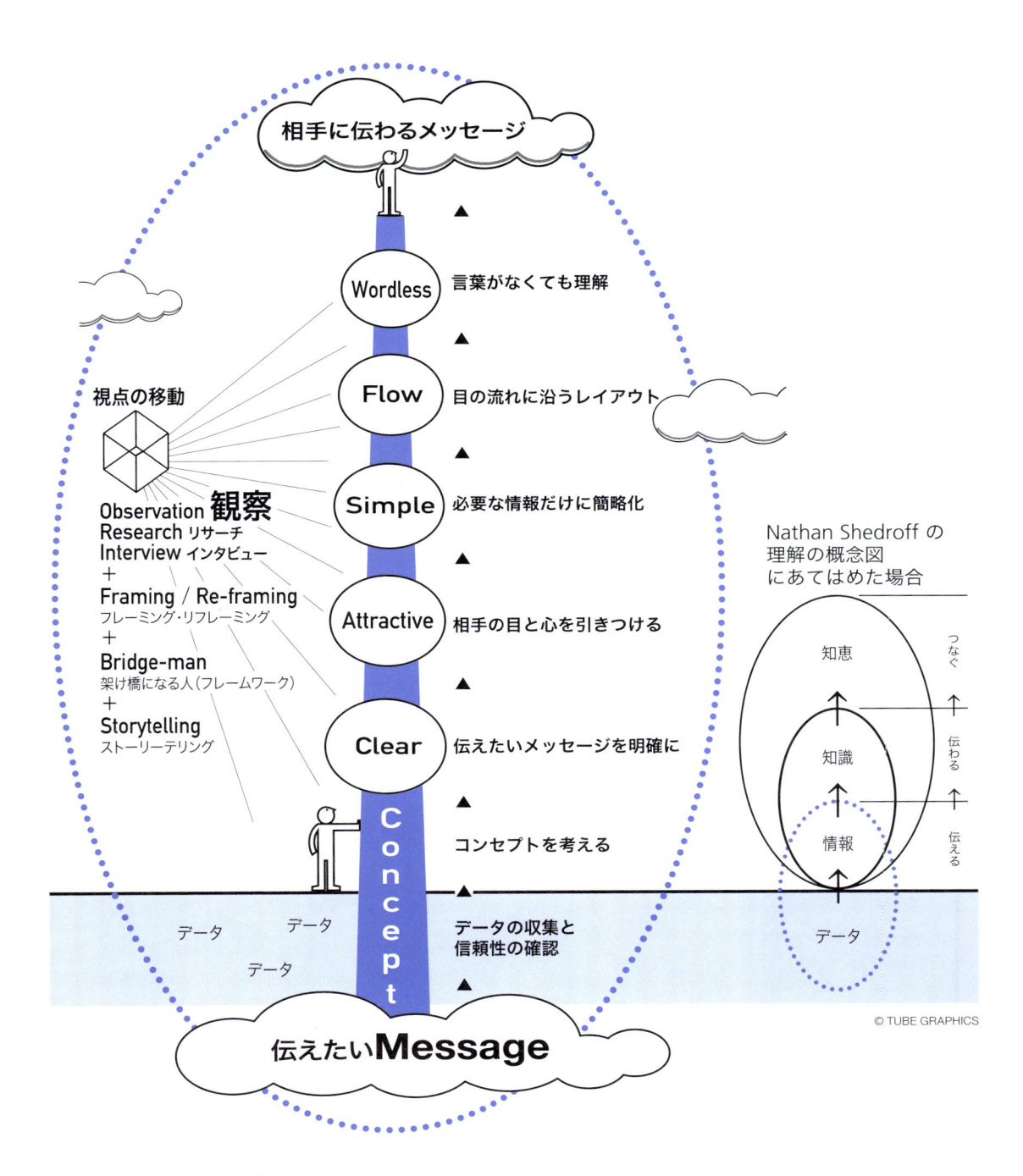

図1. インフォグラフィックス制作のプロセス
楕円の点線で囲んだインフォグラフィックスのデザインの範囲を、その右のNathan Shedroffの理解の概念図にあてはめると、同じく点線で囲まれた「データ→情報」の部分に対応する。情報が伝わって相手の知識になり、その人がさらに誰かに伝えることで、多くの人の知恵となってつながっていく。コミュニケーションデザインの根っこの重要な部分である。

2-9 ディスカッションによるコンセプトの共有
― プロトタイプをグループで高め合おう ―

1 ディスカッションの目的

2-8で個人のプロトタイプをインフォグラフィックスとしてA3用紙1枚にまとめた。ここでは、それをもとにまずグループ内でカーテン・ディスカッションを行い、自分のコンセプトやアイデアをとことんさらけ出す。すぐにグループの力に頼るのではなく、まず自分ならではの考えを出し切ることで、価値あるさりげない気づきがグループでの議論の陰に隠れてしまうことを避けるのが目的である。グループワークでは、視覚的なグラフィック・ファシリテーション [*1] を取り入れたディスカッションで方向性を探る。さらにグループの個々人がグループの代表となってシャッフル・ディスカッション [*2] を行う。これは他のグループに説明すると同時に他のグループの新鮮なコンセプトやアイデアに触れることのできる機会である。

シャッフル・ディスカッションは組み合わせを変えて何回か繰り返すことによって、参加者全員がすべてのグループの内容を理解する。

2 ディスカッションの進め方とコツ

1. カーテン・ディスカッション（図1）

カーテン・ディスカッションは3人1組でできる手軽なインフォグラフィックス [*3] のディスカッション方法である。まずA、B、Cなど発表の順番を決める。4人以上でも可能である。

1）Aは、BとCに対して黙ったまま自分のプロトタイプを見せる。BとCは見るだけで発言をせず、Aの意図を理解しようと努力する。インフォグラフィックスとして成立しているかが鍵となる（制限時間は30秒）。

2）Aは今度はプロトタイプに言葉を添えて、与えられた時間内にコンセプトを説明する。BとCは、見て聞くだけで質問などの発言はしない。Aは観察や調査した内容に触れ、取捨選択しながら最終的にこのコンセプトにたどり着いたプロセスを話す。相手からの反応がないまま話すのは難しいが、制限時間を有効に使って話す訓練も兼ねている（制限時間は2分）。

3）説明を受けたBとCは、Aがその場にいないという想定で、Aのプロトタイプとその説明に対して、初めに見たときと説明後の情報（理解度）の差をプロトタイプを見ながら辛口のディスカッションを行う。その間Aは、想像上のカーテン越しに息を凝らして2人の会話に聞き耳を立てる。ここには2つの重要なポイントがある。説明者にとっては、プロトタイプに内容を理解させる力があったか、またコンセプトの説明が自分の意図通りに相手に伝わるような話し方をしていたかが確認できる。聞き手にとっては、スケッチを的確に見ていたか、説明者の説明を一言一句もれなく聞いていたかという聞く側の技量が問われる（制限時間は2分）。

4）最後は全員で共有する時間である。お互いの緊張がほぐれるころなので、相手からたくさんの具体的なアイデアをもらおう（制限時間は2分）。

ここでは、基本的に制限時間を2分としているが、時間に余裕のあるときは3分や5分など自由に設定時間や難易度を変えることができる。

なお、レコーダーなどを使い、自分の発言と相手の意見を録音し、繰り返し聞くと自分の足りないところがよく見えてくる。

[*1] グラフィック・ファシリテーション： ⇒p.30

[*2] シャッフル・ディスカッション： 調査データからコンセプトを導く際、チーム内でのディスカッションにチーム外の人にも参加してもらい、そのチーム外の人の反応や意見を通して、チーム内のコンセプトを精緻化する手法。効果として次の2点がある。他者に説明すると同時に質問やアドバイスを受けることにより、互いの反応を感じて、気づきやふりかえりを促すことができる。また、チーム内で強制的にコンセプトを作り共有することで、他者からのアドバイスを理解する下地が作られる。[教] p.94

[*3] インフォグラフィックス： ⇒p.32

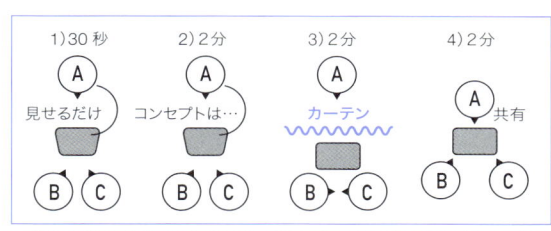

図1. カーテン・ディスカッション
30秒間見せるだけの場面。コンセプトはうまく伝わるか。

図2. グラフィック・ファシリテーション
グラフィック・ファシリテーターはみんなからよく見える場所に位置し、メンバーや自分のアイデアを視覚化するイメージのまとめ役兼進行役。

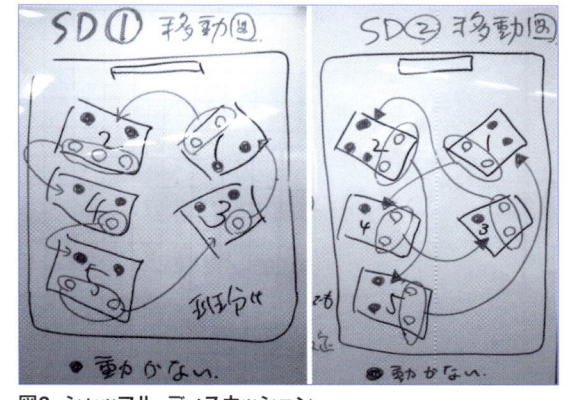

図3. シャッフル・ディスカッション
シャッフル・ディスカッションの移動例を示している。グループの半分ずつ移動し、別のグループにプレゼンテーションを行う。数回シャッフルして、その都度説明者は入れ替わる。全員が全グループのコンセプトを理解するのが望ましい。

2. グラフィック・ファシリテーション

　グラフィック・ファシリテーションはグループにおいて、統一したコンセプトを考えるときに強力な武器になる（図2）。グループ内の発言などを簡単なスケッチで視覚化しながら司会進行して場を活性化させるディスカッションの方法である。会議に積極的に絵を用いると、ホワイトボード上の表現が華やかになる。言葉だけの議論では、全員が同じ認識を持っているとは限らず、勘違いしていてもわからない。議論を視覚化することで、発言した人も他の人も発言を目で確認できるのでギャップが生じない。なお、同じ人が終始グラフィック・ファシリテーターになるのではなく、スケッチが不得手と思っている人も全員が順番にこの役を経験するようにすると本人の自信につながっていく。このスキルは現実のビジネス世界において強く求められているので、普段から積極的に取り入れて身につけたい。

3. シャッフル・ディスカッション

　ある程度完成に近づいたプロトタイプを持って、他のグループが理解できるかどうか対外試合を試みる。シャッフル・ディスカッション（図3）によるプレゼンテーションは、持ち時間や参加者の人数、グループの数によってさまざまに変化させ発言者も交代する。それはグループの中で各メンバーが関わる頻度を平均化させる、いいかえればグループ作業の弊害である誰かの陰に隠れることをさせない工夫である。これは各人がグループの代表として完全に内容を理解することも求めている。何回か組合せをシャッフルすることで、全員がすべてのグループのコンセプトを理解することができる。

2-10 社会に向けたメッセージ表現
―コンセプトメイキングの実例に触れよう―

1 メッセージ表現の目的

　通常のデザインワークショップは、グループで作成したものを他の参加者全員に向かってプレゼンテーションを行い、参加者からの意見や講師の講評をもってして終了とする。時間の経過とともに体得したものが消えないように、ワークショップのふりかえりとして要点、気づき、反省点などを文章にまとめるリフレクション *1 までを含めることも多い。

　しかし、これはコミュニケーションデザインのふたつのレイヤー *2 の図の上の段、すなわち「理解：現状把握のための視覚化」までをしただけで、その下の段の「提案：メッセージ共有のための視覚化」には深く踏み込んでいない。コミュニケーションデザインは、社会に対して何らかのメッセージを発信することなので、グループで作り上げた計画を机上のアイデアに終わらせず、効果的な解として具体的にアウトプットをするために、外を意識したワークショップの展開が求められる。

　社会を巻き込むようなアイデアを考えつくことはなかなか難しい。しかし先人たちは、その難しさの中をかいくぐって優れた製品やサービスを世の中に生み出してきた。彼らの熱意やコンセプト、アピール方法などの実例に触れることで、人を引きつける魅力と、その根っこに共通するものが必ず見つかるはずである。その形を自分なりに深く考え、当時の開発者の気持ちに少しでも近づくことができれば、彼らからヒントをもらえるのではないだろうか。

　ここでは、コンセプトを作る（コンセプトメイキング *3）コツを先人から学ぶためのワークショップを行う。

2 コンセプトメイキングを学ぶワークショップ

　身近にあって種類が多く、安価で誰でも購入できる「食品」を例とした。

1. コンビニやスーパーなどの食品売場の棚をじっくりと観察し、パッケージなどのうたい文句も参考にしながら、なるほどと感動した食品を1人一品購入する（図1）。
2. 食品会社のホームページの調査や家族へのインタビューなどを各自で行い、歴史的背景を探る。開発秘話や購入者の声なども参考に、なぜ開発者はこれを世の中に登場させたかったのか、この食品の登場で何が変わったのか、今後どのような影響力を持つものなのかを考える。開発者に成り代わりコンセプトが説明できるように1枚のインフォグラフィックス *4 にまとめる。
3. 持ち寄った食品を一同に集め、形状や種類ではなくコンセプトの方向性ごとにグループ分けをする（図2、3）。
4. グループ内で、自分が感動した食品のコンセプトを開発者に代わって熱く語る（図4）。試食させるなど相手を引き込むための工夫もしよう。
5. グループごとに、食品個別ではなく、グループに共通するコンセプトが何かを伝えるスライドを3枚にまとめ発表する。図5、6に示すように手描きのインフォグラフィックスで構わない。

　ここでは食品を選んだが、ワークショップに集まる人の専門性や目指す方向性によって、ある特定の分野の製品やサービスに絞ることも可能である。

3 ワークショップのコツ

　コツは開発者本人になりきることである。ワークショップに参加するには、そのぐらいの想いがないと社会に対してメッセージを発信することなどできない。

---

*1 リフレクション： 自らの活動を省みながらその意味づけを行うこと。省察ともいう。⇨p.46

*2 コミュニケーションデザインのふたつのレイヤー：「理解」と「提案」のふたつからなる。これらはひとつのデザインプロセスの流れでもあり、継続的な活動として関係づけることができる。⇨p.19

*3 コンセプトメイキング： デザインに関わる方向性として「ヒトの方向性」、「モノの方向性」、「ビジネスの方向性」がある。これらを明確にすることでコンセプトを作ることができる。⇨p.68

*4 インフォグラフィックス： ⇨p.32

| 目的に向かって準備する | 問題を理解する | **解決策を提案する** → | 提案を省察する | 37 |

図1. 食品売場に並ぶさまざまな商品
コンセプトに感心した一品を購入し、その商品のことを徹底的に調べる。

図2. 持ち寄った食品をコンセプトの方向性ごとにグループ分け

図3. 便利なレトルト、食べやすいお菓子、パッケージ、健康などのグループ

図4. 持ってきた食品のコンセプトをグループごとに説明

図5. 便利なレトルトに注目したグループのインフォグラフィックス・コンセプトシートの一部

図6. キャッチコピーに注目したグループのインフォグラフィックス・コンセプトシートの一部

2-11 社会に向けた情報発信
―インフォグラフィックスの完成度を高めよう―

1 社会に向けた情報発信の目的

ここでは、企業やコミュニティ関係者への本番のプレゼンテーションのために、発表するメディアを想定しながら社会にアピールするコンセプトと実現する仕掛け作りを考える。個人のアイデアを持ち寄ってグループ全員で共有して集約し、グループとして完成度の高い表現に昇華する。

2 インフォグラフィックスの完成度を高めるワークショップ

1. 個々人がアイデアスケッチを作る

グループで出たコンセプトに対して、まず個人でさまざまなアイデアを考える。必ずアイデアスケッチとして視覚化し、コンセプトの言葉と共にA3用紙1枚にまとめておく。

社会に訴え大勢の人に見てもらうためには、何かしらの広報メディアを通してコミュニケーションを図ることになる。例えば、ポスター、雑誌、パンフレット、広告、プレゼンテーションスライド、冊子、Webサイト、フライヤー、新聞、テレビ、サイネージなどさまざまな形態がある。また、メディアごとに特性も異なるので、ポスターならどこに掲示するのか、駅か街中か特定の集まりのときか、雑誌なら性別や対象年齢、1ページなのか10ページなのか、カラーかモノクロか、どういう場で、どういうメディアを使い、どんな表現をすると最も効果的なのかなど、作りやすさやコストも考えながら検討する。

2. グループ内でアイデアスケッチを整理してアイデアを練る

グループ内で自分のスケッチを見せながら一人ひとりが説明し、質問やアイデアを膨らませてメモやスケッチを描き加え、アイデアの近いもの、またはメディアごとにまとめて壁に貼り出していく。実現不可能と思われるアイデアも捨てずに残しておく。

全員の説明が済むころには、壁に貼ったアイデアからまとまりや傾向が見えてくる。ここで注意しなければならないことは、最も数が多いアイデアが素晴らしいとは限らないということである。数が多い分、陳腐なものかもしれない。少数の中に本質的なメッセージがある場合もある。社会性や印象など、説明のときの場の盛り上がり度合いも参考にしながら、グループとしてコンセプトとアイデアを絞り込む。

3. 他のグループや関わりのない人にアイデアスケッチを見てもらう

さらに磨きをかけるために、他のグループに自分たちの提案を聞いてもらう。聞く側には賛成と反対の2つの聞き役を設定し、その役の担当には徹底してプラス面、マイナス面から述べてもらう。

一度グループに戻り修正をしたら、次にこのワークショップに全く関わっていない他部署の人や家族などさまざまな年代の人に見てもらい意見をもらう。仲間内でのディスカッションは、いわば井の中の蛙だからである。

4. 繰り返し検討して表現の完成度を高める

このように何度も何度も繰り返し考え、改めて原点のフィールドワークや資料にも当たり直すなど、誰もが納得して膝をたたくようなアピール性の高いものに仕上げていく。

他のグループや第三者への事前のプレゼンテーションを経て、次の事項について確認して完成度を高める。
・メディアの想定があいまいになっていないか
・途中経過で表現のズレが生じていないか

---

*1 ツタグラ(伝わるINFOGRAPHICS):
経済産業省が2011年3月11日の東日本大震災をきっかけに、"ひとりひとりが日本のことを知り、考えていくための架け橋になること"を目指して始動させたプロジェクト。「情報や知識のゆくえは、伝え方次第。デザインの力を借りて、みんなで未来を考える。」というコンセプトのもと、データと知識、ビジョンを持つ専門家と、伝える力を持つデザイナーのコラボレーションで、インフォグラフィックスを使って未来をわかりやすく伝え広めていくことを目指している。2011〜2013年にかけて、「縮小する日本」「エコジレンマ」「これからの働き方」「クリエイティブ産業」「通商白書の表紙のデザイン」「世界に羽ばたくニッポンの知財」などのテーマで一般公募された。

図1.「ママを支える社会の仕組み」（日本財団）ツタグラ賞を受賞した鈴木亜弥さんの作品

- 見る人を行動に駆り立てるような仕掛けは十分か
- 伝えたい相手のフレームに合った言葉づかいや内容になっているか
- 伝えたいメッセージや文脈が心に残るように言葉が絞られているか
- 時間配分は適切か
- メモを見なくてもプレゼンテーションできるか

③ 社会に向けた情報発信の実例

　まわりを巻き込むようなインフォグラフィックスの一例を、経済産業省のツタグラ*1プロジェクトで寄せられる作品にみることができる。

　図1に示す「まちママ」はツタグラを通して「ママを支える社会の仕組み」を考える一般公募で寄せられた中のひとつで、街にいる人がママを助けることで、誰もがママになれるというコンセプトである。これには純粋にママさんたちに対しての人々の優しさを引き出す力のほかに、この絵の5つの場面がもとになって、大きく広がる発展性ものぞかせている。主催側から用意されたデータは捉え方によってはマイナスイメージになりかねなかったが、全体的にポジティブな印象に仕上げている。

④ 評価のポイント

　「まちママ」の場合は、制作者のもとを離れても、どうすればこれが社会的な動きに育つのかという方法を巡って関係者が熱い議論を交わした。このように、共感できる、他の人に伝えたくなる、もっと調べたくなるなどの、何らかの行動を起こさせるきっかけがそこにあるかどうかが、発展性を感じさせる重要な鍵である。

2-12 社会に向けた成果物の発表と評価
― 展覧会を企画しよう ―

① ワークショップの成果発表としての展覧会

ここでは成果発表の方法として、展覧会形式、公開プレゼンテーションを取り上げる。

ワークショップの成果を時間を置いてまとめ直す過程はワークショップ参加者に取っては負荷が大きく、またあらためて展覧会用に内容や見た目を整えることは、ワークショップでの熱気を失った形式だけのプレゼンテーションになりかねない。そこでワークショッププログラムの中に展覧会形式の発表会を組み込み、社会に向けた成果の発表までをワークショップでの達成目標とする。参加メンバーだけの合意よりも、社会に提案を投げかけたときの評価や反響までを含めて成果を共有したほうが、その先の課題や発展性を具体的につかむことができる。

② 展覧会形式のデザイン発表会

デザイン提案の内容を各ステークホルダーに理解してもらい、実現に向けて進めるためには、提案に至るプロセスを体験してもらうことが最も効果的である。限られた時間の中でも、プレゼンテーションの工夫によってデザインプロセスも含めた提案の意図や実現の可能性を関係者に伝えることは可能である。

1. ワークショップの成果発表としての展覧会

ワークショッププログラムと連動してその成果発表を展覧会形式で行うことで、直前までのワークショップの熱気を伝えることができ、わずかながら参加した感じも提供できる。そのためにステークホルダーとなる人々を会場に招待しておきたい。

2. 活動あるいは体験の動態展示

プレゼンテーション方法として、製品やサービスが動いている状態を見せる。これによって、提案内容に説得力を持たせ、共感を得るとともに、実感に基づく評価を得られる。

そのためにデザインプロセスに利用するさまざまな表現技法、すなわちプロトタイプ、ストーリーテリング、アクティングアウト、映像、リアルタイム・ドキュメンテーションなどを駆使する（図1）。ワークショップのプロセスの中にこれらの表現活動を盛り込んでおく。

3. 来場者の参加

アクティングアウトにステークホルダーを誘い込んでもよい。プレゼンテーションの後で、公開あるいは個別のディスカッションの時間を設ける。来場者にふせんでコメントを貼ってもらったり、投票してもらうなど評価が形として残るような工夫も必要である。

③ 展覧会内での来場者向けワークショップ

通常の作品展示は、発表者が成果を展示し、来場者はそれを眺めるだけという形式である。これだけでは、展示内容への理解や出展者とのコミュニケーションを深めることは難しい。そこで、来場者に展示物を題材とした表現活動をしてもらい、この表現物を媒体として出展者との対話を促し、展示空間がより密接な交流の場となることをめざす（図2）。

1. 来場者の表現活動

来場者によるスケッチや写真、説明のためのテキストを表現物として展覧会場で公開する。ワークシートを用意してもよい。スケッチには用紙と鉛筆やクレパス、写真にはカメラとプリンタが必要となる。

2. 表現の共有とディスカッション

複数の来場者と出展者がグループになり、展示物を題材にメタ表現を行う。この表現活動の中で議論が行われ、提案内容の共有や発展を促す。KJ法や図2の事例のようなツールの活用が考えられる。

＊1 国境なきデザイン集団（DesignsSans Frontière）： 公立はこだて未来大学、東京工業大学、多摩美術大学による共同研究プロジェクト。デザインの専門家が社会と連携し、そこに生活する人々と共に新たなコミュニケーションやツールを創造する方法を構築している。

＊2 Zuzie（ズージー）： ワークショップなどの参加体験型の表現活動における、協働的な作品作りの支援を構想して開発された表現のためのアプリケーション。

http://www.mediaexprimo.jp/zuzie_ws/

| 目的に向かって準備する | 問題を理解する | 解決策を提案する | 提案を省察する | 41 |

展示の構成：左からドキュメント・ウォール、プロダクトの原寸模型（奥）、空間の縮尺模型（手前、電停周辺）、ストーリーボード、プレゼンテーションの小道具（市電の車両）。会場で調達できるものだけでもプレゼンテーションは多彩に展開可能。

原寸模型で
提案の全体像を概説。

アクティングアウトで
利用場面を実演。

縮尺模型を用いた
空間構成の説明。

模型を利用した
ビデオプロトタイピングで
提案の活用イメージを表現。

ストーリーボードを用いて
各種サービスを説明。

ドキュメント・ウォールを利用し
提案内容の必然性を確認。

デザインプロセスと提案内容をふりかえり
プロジェクト全体を総括。

図1. 来場者の表現ワークショップの例：予感研究所3での表現ワークショップ
主催：国境なきデザイン集団 [*1]／日程：2012年8月27日〜30日／会場：函館市まちづくりセンター

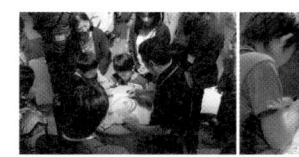

来場者はスケッチ講習会の後、
会場の展示物をスケッチ。

スケッチを集めて出展者とともに
Zuzie [*2] というツールでメタ表現作品を制作し、
お互いの理解を深めた。

活動の内容はすべて
ドキュメント・ウォールに
掲示し、会場内に公開

図2. 来場者の表現ワークショップの例：予感研究所3での表現ワークショップ
主催：科学技術振興機構／日程：2010年5月1日〜5日／会場：日本科学未来館

2-13 デザインプロジェクトの資料化と共有
―ポートフォリオを作ろう―

1 ポートフォリオの制作

デザイン分野におけるポートフォリオとは、簡単にいえば作品集である(図1)。デザイン提案の内容や最終的な成果物をプロジェクトチームや自身の作品、制作実績として資料化し、自己PRや宣伝のためのツールとして活用する。企業などにおいては報告書やパンフレットなどが同等の位置づけとなるだろう。

ポートフォリオの最終的な表現すなわちグラフィックデザインとしての仕上げは個人的な作業となるが、ここではプロジェクトの成果を編集し、表現に落とし込む前の内容の編集と表現の構成案の制作をワークショップ形式で進めてみる。

2 ポートフォリオ制作ワークショップ

デザイン系演習課題をグループワークで遂行した場合を想定したワークショップの例を紹介する(図2)。プロジェクトチーム全体としての提案内容の資料化か、個々のメンバーごとの成果のまとめか、ワークショップのゴールを明確にして進めたい。

1. 活動全体のふりかえり

まずはプロジェクトの過程で生成されたすべての資料や表現物すなわち、スケッチ、写真、メモ、試作の断片、活動中の写真などを見直すことからはじめる。会議室の壁やフロア、廊下などにこれらを広げて俯瞰し、一覧するのがポイントとなる。このようなふりかえりの段階ではドキュメント・ウォールも役に立つ。

プロジェクトリーダーあるいはファシリテーターを立て、メンバー全員でまず、プロジェクトの開始から順に活動のプロセスを声に出して説明しながらたどってみる。

2. 資料の構造化

ポートフォリオに必要な項目をあげると図1のようになる。これを手がかりに、資料の中から各項目に該当する具体的な素材を抽出する。以下の2つの方法がある。

1) 気になる部分をデジタルカメラで撮影してプリントアウトし、A4からA3サイズの用紙に貼り説明を添える。この説明のシートにはタイトル、気になった理由や内容、署名を入れておく。

2) あらかじめこれらの項目を書き込めるワークシートを用意して、これを埋めていく。

いずれにおいても、できるだけ具体的な要素を取り上げて、構造化していく。

ポイントは最初から「概要」「プロセス」「課題」「背景」などと決めて分類するのでなく、集められた要

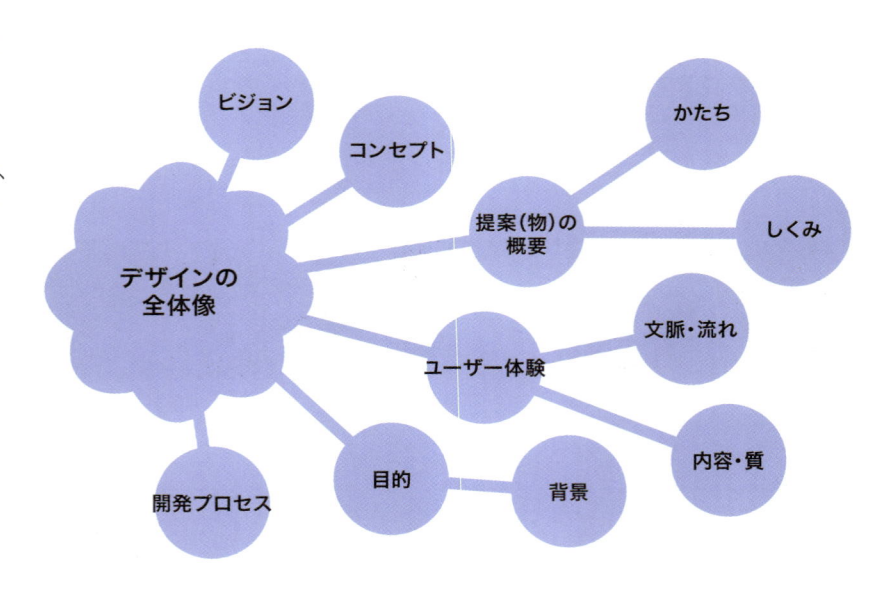

図1. ポートフォリオの構成要素

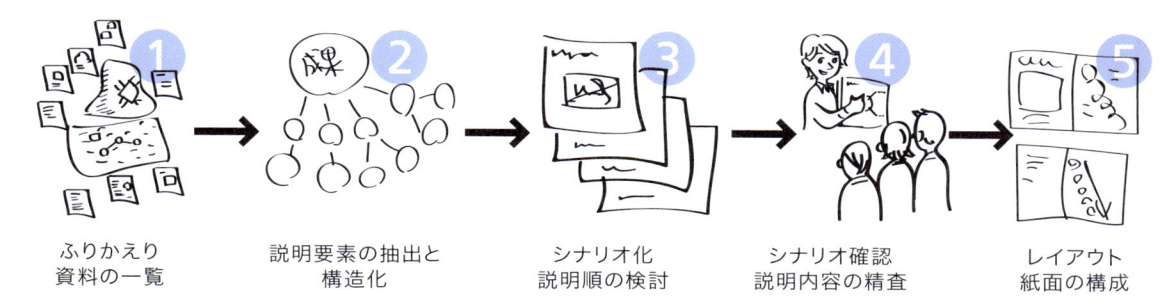

目的に向かって準備する　　問題を理解する　　解決策を提案する　　提案を省察する

図2. ポートフォリオ制作ワークショップのプロセス

1. ふりかえり 資料の一覧
2. 説明要素の抽出と構造化
3. シナリオ化 説明順の検討
4. シナリオ確認 説明内容の精査
5. レイアウト 紙面の構成

素のつながりから、「アイデアの形成」や「技術的課題のブレイクスルー」など、そのプロジェクトならではの特徴を見つけ出すことである。

3. 説明のシナリオ制作

　論文などの形式化された文書と違い、ポートフォリオやパンフレットなどでは、競合する他の資料との差別化によってその内容をアピールする必要がある。したがって、重要度の高い項目から順に説明していく。このステップではまず個別に、構造化された資料についての説明の手順を検討する。各項目の内容をシート化して紙芝居のように重ねてみたり、プレゼンテーションソフトを使って順に表示しながら流れを確認する。

・ポイント：自己PRを目的とした場合はスキルやプロセスを優先して説明する。製品やサービスのPRを目的とした場合はまず最終成果物の概要を簡潔に説明する必要がある。

4. シナリオの確認

　構造化した資料を指さしながら、意図した順序で資料を言葉で説明していく。それを他のメンバーが書き取ることで説明内容を形にしていく。また、説明の過不足をふせんに書き留めて、説明者に渡す。説明者は書き出した内容を読み上げ、さらに説明内容を修正していく、という過程を数回繰り返すことで、シナリオを洗練させていく。

・ポイント：抽象的な言葉を多用せず、事実をできるだけ簡潔かつ具体的に説明する。このような方法で、まずテキストの原案を固める。

5. ページ構成とレイアウトの検討

　最終的なメディアの形態（冊子やクリアフォルダ）に合わせて、ページの割付とレイアウトを制作する。テキストと図版類を並べ、まずはサムネイル、次にラフスケッチと、徐々に精度を上げて、全体の視覚的な構成を整えていく。

・ポイント：1つのプロジェクトを見開き2〜4ページ程度の分量で、できるだけ簡潔かつ具体的に構成する。既存のパンフレットや雑誌記事などを持ち寄り、参考にするのもよい。

❸ ワークショップ後の制作活動と公開

　全体のシナリオとページ構成が形になったところで、これを雛形にして具体的なグラフィックデザインの作業を個別に進める。

　中間報告などのタイミングで、メンバー同士でグラフィックデザインとしてのクオリティを共有・評価しておきたい。先輩社員や教員、資料を受け取るユーザーなどに見てもらうなど、わかりやすさやクオリティについて第三者の評価を受けることも、内容の質を高めるうえで必要なプロセスである。

　完成した段階で、発表会や審査会のような形で最終的なクオリティの確認をして、表記ミスのチェックや表現の微調整などを行うとさらによい。

2-14 社会に向けた資料の制作
― 適切なメディアを作ろう ―

① 「宣伝会議」ワークショップ

2-12の展覧会や公開プレゼンテーションで提示した成果物は、コミュニケーションデザインにおいてはゴールでなくスタートである。この成果物をどのように実社会で活用し、組織や社会に影響を与えていくかについて具体的な戦略を考える必要がある。ここでは、成果物の活用を支援するメディアについて考える宣伝会議のワークショップを取り上げる（図1）。

このワークショップの成果物は、展覧会パンフレット、プレスリリース*1、絵本などの形式で展開するためのもととなる解説資料（あるいは活用マニュアル）である。デザインが提案者の手を離れて社会にさらされたとき、その意図や目指す思いがぶれないように、その扱い方も含めて提供する必要がある。実際のメディアとして機能する完成度を持った解説資料の制作がこのワークショップのテーマである。

② 「宣伝会議」ワークショップのプログラム

ワークショップの題材としては、個人の作品あるいはグループの作品をもとにプロジェクトメンバーで資料を作成する、などが考えられる。デザイン内容を社会に認知させていくためには、広告表現の表層的な形式だけをなぞっても意味がない。伝えるために最大限のエネルギーを注ぐことが重要である。

1. 作品のプレゼンテーション

　表現の対象となるデザイン作品（グラフィック、プロダクト、サービスなど）についてその内容（概要）を共有する。1人3分程度で作品の説明を行う（メンバーが多い場合はチームの中で2人ずつのペアで行う）。1人がプレゼンテーションしている内容を他のメンバーはスクライビング*2で記録する。

2. キーフレーズの抽出

　他のメンバーが記録した内容を発表者と共有する。全員の記録内容を一覧し、理想的な説明の手順を

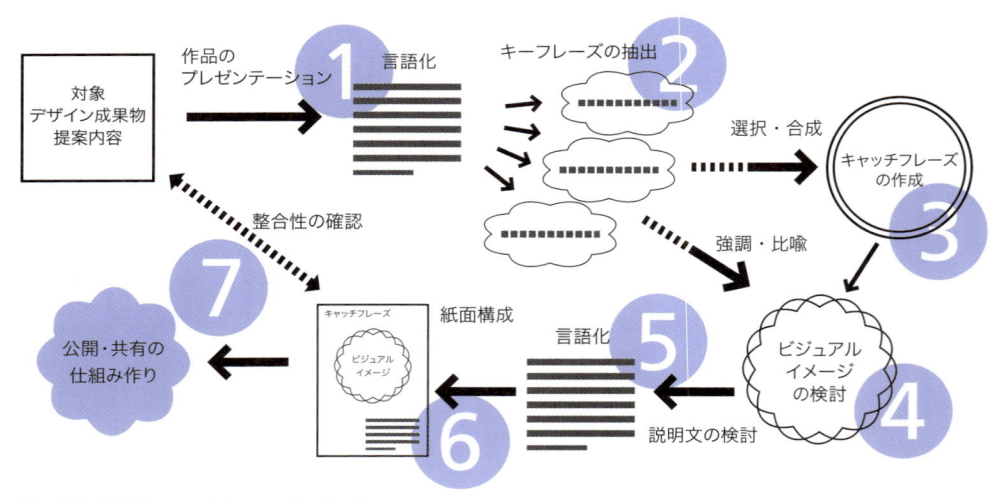

図1.「宣伝会議」ワークショップのプロセス

---

*1 プレスリリース：行政や企業などが報道機関向けに発表する声明や資料。製品発表やある出来事についての見解を示すときなどに、そのコミュニティからの公式発表として印刷物やWebなどを通して公開される。

*2 スクライビング：企画会議やデザインワークショップにおける活動の中のさまざまな行為や言葉を拾い、文字や絵、図などを使って手書きで情報を表現すること。数多くの場を経験することで傾聴力や編集力、瞬間的な表現力が培われる。

⇒p.122

*3 ボディコピー：広告文章の本文のこと。

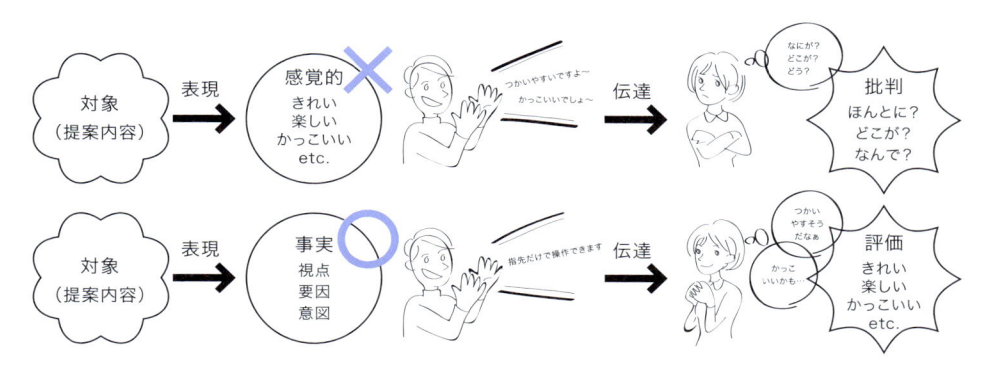

図2. 言葉のデザイン 表現では感覚的な言葉を避け、事実や意図を魅力的に伝え、受け手のポジティブな感想を引き出す。

見つけるのと同時に、提案内容を魅力的に伝えるフレーズを抽出する。

3. キャッチフレーズの作成

抽出したキーフレーズをいいかえたり、組み合わせたりしながら、デザイン作品の魅力を伝えるキャッチフレーズを導き出す。

ポイントは、「楽しい」「使いやすい」といったありきたりな言葉ではなく、「○○だから楽しい」「□□によって使いやすい」の○○や□□の部分を具体的に言葉にすることである（図2）。

4. ビジュアルイメージの検討

設定したキャッチフレーズを模造紙などに書き出し、デザイン提案の中からこのキャッチフレーズに見合うビジュアルイメージを描いて、組み合わせてみる。まず複数の候補を並べ、その中から絞り込む。

視覚表現は絵と言葉の相乗効果によって説得力を持つ。ポイントは、キャッチフレーズと全く同じ内容を絵で表す必要はなく、絵と言葉が補い合うことで提案内容の特徴を際立たせるような表現を導き出すことである。

5. 説明文の検討

キャッチフレーズと主となるビジュアルイメージが固まったら、これらを受けて詳しい説明をするためのリード文（あるいはボディコピー[*2]）を検討する。まとめた説明資料をもとに、できるだけ簡潔かつ具体的にデザイン内容を記述する。

6. 紙面構成

キャッチフレーズ、ビジュアルイメージ、説明文を1枚の紙面（模造紙、A3用紙など）に配置して全体の構成を確認する。デザインの意図が効果的に伝わる構成になっているかをメンバーで議論し、内容をブラッシュアップしていく。この段階で図解やデータなどを付け加えてもよい。

7. 完成、その後

最終案としてメンバー内で合意されたキャッチフレーズ、ビジュアルイメージ、説明文の組み合わせを、広報のための基本情報として共有することで完成形とする（図3）。このあと、この完成形をもとにプレスリリースや広報資料を作成し、一貫性を持ったメッセージとして周囲の人々と提案内容を共有していく。

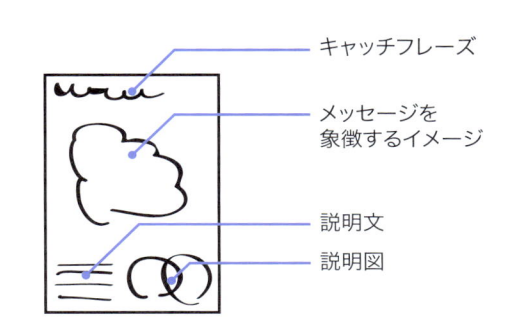

図3. 告知のための基本情報とレイアウト

2-15 リフレクション（省察）
—ワークショップのふりかえりから次の活動につなげよう—

1 ワークショップにおけるリフレクション

リフレクション（省察）とは、自らの活動を省みながらその意味づけを行うことである。

そもそもデザイナーは活動の中で省察を行いながら（reflection in action）目的に見合う成果を導き出す専門家である[*1]。デザインワークショップにおいても、その力を発揮しながら活動をリードしていく船頭のような役割を担っている。しかしこのような活動の中のデザイナーの創意工夫やその思考過程、また参加者の気づきや理解を、活動中に聞き出し記録するのは難しい。

デザイン成果物がどのような過程や要因から導き出されたのかを言語化し共有することは、成果の必然性や説得力に直接関わる証拠、説得材料となる。さらに、ワークショップのもうひとつの側面として、活動の中での気づきや学び、新たなデザインプロジェクトの芽、今目指しているゴールのさらなる先の展開などが見えてくる。これらの要素も、ワークショップの成果物、副産物としてその価値を位置づけておく必要があるだろう。ここでは2章のまとめとして、「ふりかえり」の方法についてまとめる。

2 ふりかえりの時間を作る

ワークショップの最後に「ふりかえり」セッションを設けて省察（行為の後の省察[reflection after action]）を行い、活動の中の暗黙知を言語化し、プロジェクトチームの形式知として共有することは、デザインプロジェクトの継続や次のプロジェクトへの発展、さらに人材育成の視点からも重要である[*2]。

ふりかえりでは活動全体の流れを思い起こし、プロジェクト全体あるいは自身の活動の意味づけを行う。新たな議論を始めるのではなく、クールダウンのためのセッションである。感想よりも、参加者が活動の中で得た知見や持ち帰って今後に生かしたい視点などを言葉で表すことに意味がある。メンバー全員から一言ずつコメントをもらうような形でよい。ワークシートを用意して記述してもらうと、記録としても残しやすい。そのための時間は15〜30分は確保したい。ポイントは白熱した議論や夢中になって作り上げた表現について、冷静さを取り戻しながら俯瞰して眺めてみることである。それを個人だけではなく、一緒に活動したメンバーとその場で共有することが重要である。

表現活動を伴うワークショップは時間が足りなくなる傾向がある。ワークショップの最後にリフレクションの時間をとることは、優先度としてはワークショップの成果に次ぐものとはいえ、ファシリテーター[*3]の重要な役目である。時間管理や活動内容の優先度の調整をしながらワークショップを進行させたい。

3 リフレクション・ムービーを用いたふりかえり

リフレクション・ムービーは、ワークショップのふりかえりツールとして、ワークショップ活動中の写真[*4]や動画[*5]を集めて3〜5分程度の長さに編集し、ワークショップの終了時に上映時間を設けて鑑賞・共有するツール映像作品である（図1）。

活動中に写真や動画を撮りながら平行して編集作業を進めることになるので、ドキュメンテーションのスタッフ数名を別途編成してワークショップ中の撮影を担うとよい。あらかじめBGMを決めておき、その尺に合わせて画像を時系列に並べていくとまとめやすい。またワークショップのプログラムや出来

[*1] Donald A Schön, The reflective practitioner: How professionals think in action, Basic Books, 1984.

[*2] TKF（つくって、かたって、ふりかえる）モデル：創造的な表現活動を通した学びのワークショップは、学びの活動のモデルとしてTKFモデル（上田、2009）がそのベースとなってデザインされている。自らが夢中になって表現したものについて、語ることで他者と共有し、活動全体をふりかえることで自身の体験の意味づけを行うという流れがワークショップの骨格となる。TKFモデルは、学びの中に表現活動を取り入れていることに特徴がある。参考文献として以下の書籍が挙げられる。
・上田信行, プレイフル・シンキング―仕

図1. リフレクション・ムービーによるふりかえり

図2. ドキュメント・ウォールを使ってワークショップの流れを再確認

事に沿ってタイトルやキーワードを字幕として盛り込んでおくと、第三者にも伝えやすくなる。

編集の時間がとれない場合や制作者を確保できない場合は、参加者が撮影した写真を集めてスライドショーとして上映するだけでも、ふりかえりの材料（きっかけ作り）になり得る。

リフレクション・ムービーは、ワークショップ終了後にそのままあるいは若干の再編集を加えてWeb上で共有することで、ワークショップの記録や報告としても機能する。

④ ドキュメント・ウォールを用いたふりかえり

ドキュメント・ウォール*6 は活動の途中にそれまでの経過を省察し、流れを確認したり、活動の軌道修正を検討したりするための資料として活用できる（図2）。また、ワークショップ終了時のふりかえりにおいて最終成果物の裏づけ資料としても利用できる。

ドキュメント・ウォールを用いたふりかえりでは、まずスクライバーあるいはファシリテーターがドキュメント・ウォールの該当部分を指差しながら1〜2分程度で活動の意図や流れを概説する。それに対して参加者からもコメントを求め、活動の中でアイデアが展開した部分や課題として残っている部分などについて言葉で表現してもらう。スクライバーはこれらもドキュメント・ウォールに書き加える。さらに参加者の気づきや感想などもふせんに書き出して思い思いの位置に貼ってもらうことで関係者全員が表現に加わりながら資料化していくことがポイントである。

ワークショップ終了後、参加者にドキュメント・ウォールの写真撮影を促し、参加者がそれぞれの視点でドキュメント・ウォールの内容を切り取って持ち帰ることで、個別のふりかえりや日常に戻ってからの資料としての活用も可能となる。

⑤ 次のプロジェクトへのスタートとして

コミュニケーションデザインは、単なる情報の伝達ではなく、活動の中の暗黙知を表現によって外在化し、共有さらに活用できる形式知として道具化する手段ととらえることもできる。

この章で紹介してきたワークショップの方法は、3章のサービスデザインのプロセス*7 にも応用できる。

事を楽しくする思考法, 宣伝会議, 2009.
・茂木一司ほか, 協同と表現のワークショップ―学びのための環境のデザイン, 東信堂, 2010.

*3 ファシリテーター: ⇨p.12, 15

*4 写真撮影ワークショップ: ⇨p.92

*5 ビデオ撮影ワークショップ: ⇨p.94

*6 ドキュメント・ウォール: ⇨p.31

*7 サービスデザインのプロセス: ⇨p.51

サービスデザインを
ワークショップ
で学ぶ

Service Design　　The Workshop of Information Design

Chapter
3

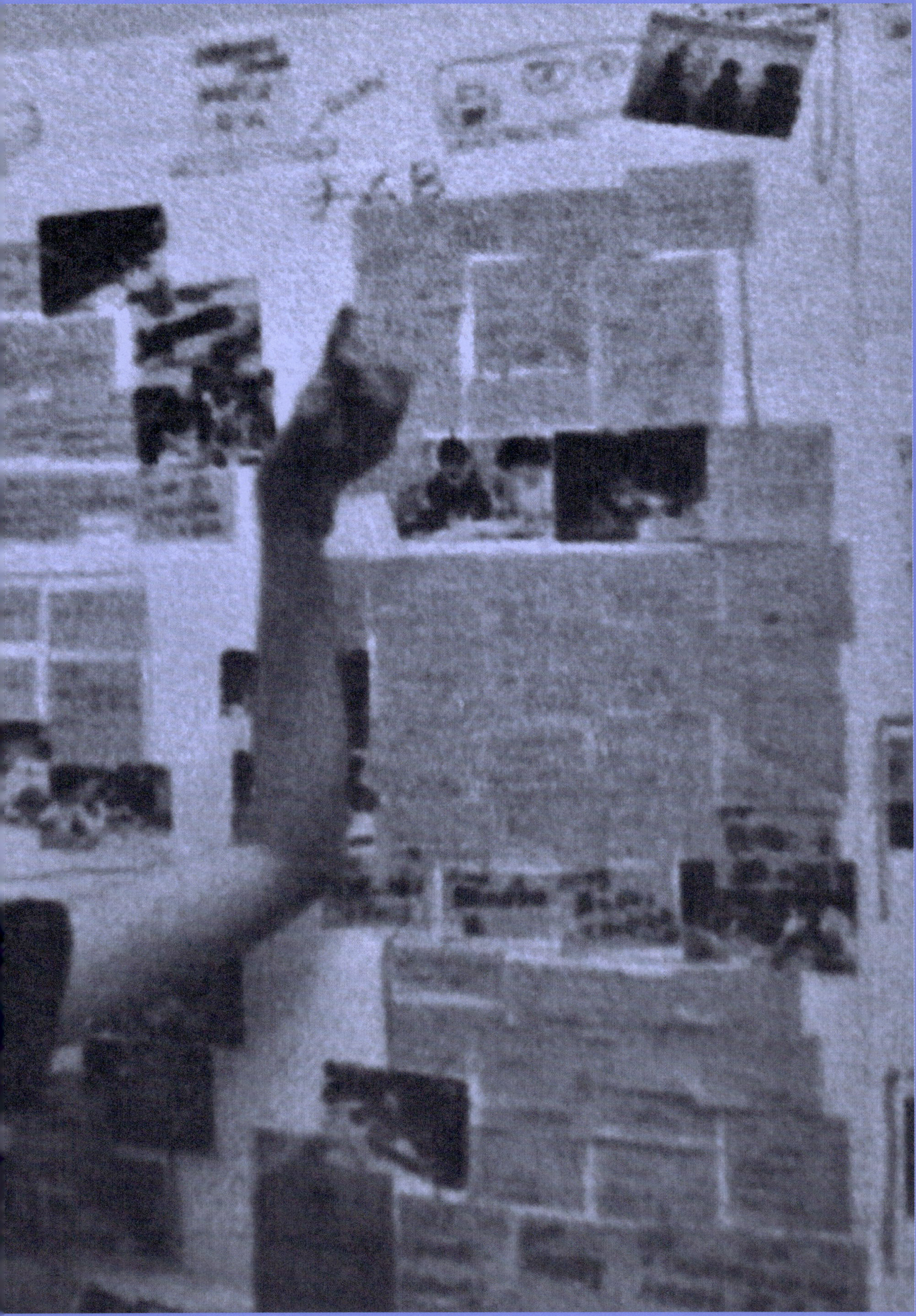

3-1 サービスデザインにおけるワークショップの活用法
―全体像と目的を知ろう―

1 サービスデザインとは

　サービスデザインは、よりよいサービスを生み出すことを目的とした、新しいデザイン領域である。

　一口にサービスといっても、非常に多様である。例えば、クリーニングなどのように客の代わりに作業を行うこともサービスであり、インターネットで情報のやりとりをする機能を提供することもサービスである。また日常生活では、無料でおまけをつけたりすることもサービスということもある。

　本書ではサービスを、顧客に対して価値を提供するビジネスととらえる。ビジネスということは、継続的に価値を生み出す仕組みや体制、提供し続けられる場所などを備えたものである。また、それらを維持するための経済的な仕組みも含んでいる。サービスデザインは、このように広い意味でのサービスを対象とする。いいかえると、サービスデザインとは、顧客に対してより魅力的な価値をビジネスとして総合的にデザインすることである。

2 ヒト・モノ・ビジネスの視点

　サービスデザインを進めるためには、次の3つの視点から望ましい姿を考え、デザイン要素を具体的に検討していくことが必要となる。

1) ヒトの視点：対象となる人間（対象顧客、ステークホルダー [*1]）が、どのような「状況（コンテクスト・5W1H）と価値」があったらよいのか？
2) モノの視点： 人間に関わる人工物が、どのような「かたち（構造・フロー・見栄え）」であったらよいのか？
3) ビジネスの視点：ヒトとモノを成り立たせるために、どのような「仕組み（組織・パートナー・お金の流れ）」であったらよいのか？

　サービスデザインも他のデザインと同様に、誰に・どのような魅力的な価値を提供するのか、というヒトの視点が最も重要となる。顧客にとって魅力的な価値とは何か。顧客がうれしいと感じる状況やコンテクストはどのようなものか。これらを明確にしておくことが、サービスデザインの柱となる。こうした考え方は人間中心設計（HCD）[*2] とよばれるが、サービスデザインにおいても有効な考え方である [*3]。

　一般的に「サービスは無形である」といわれる。しかし、顧客から見て全く形がなく、サービスの内容を知る手がかりのないものは存在しない。Webサイトやチラシのような手段での情報提供だったり、店舗のような提供空間だったり、従業員のユニフォームのようなモノだったりする。サービスには、必ず何かしらモノが介在している。サービスデザインでは、提供する価値を具現化するために、モノの視点からサービスを構成する具体的な要素を検討していく。また、サービスデザインでは、顧客がサービスと関わるところはすべて、デザインが必要な構成要素となるため、ひとつの要素だけでなく、総合的にデザインすることが重要となる。

　ビジネスとしてのサービスは、継続的に顧客に対して価値を提供し続けることが求められる。そのためには、組織的な仕組みが不可欠となる。例えば、いくら顧客にとって居心地のよいカフェ空間をデザインしても、そこで働く従業員のふるまいや提供されるコーヒーの品質が毎日違っていたら、顧客は満足できない。ビジネスの視点から、価値を提供するための組織活動やお金の流れといったビジネスモデル [*4] についても、検討する必要がある。

[*1] **ステークホルダー：** 関係者のこと。一般的には、サービスの運営に関わる関係者（従業員など）や、顧客の関係者（家族など）が挙げられる。サービス内容や事業形態によって、対象となる関係者の構成は異なる。

[*2] **人間中心設計（HCD）：** ユーザーセンタードデザイン（UCD）ともいう。教 p.34

[*3] **顧客とユーザー：** 本書では、顧客とユーザーという用語を、厳密に定義して使い分けてはいない。サービスの対象者を意味する場合は、顧客（カスタマー）と表現するが、HCDのプロセスで一般的にユーザーとよぶ方がふさわしい場合は、ユーザーの用語を用いている。

[*4] **ビジネスモデル：** ⇨p.74

❸ サービスデザインのプロセス

　サービスデザインは、基本的には人間中心設計のプロセスに沿ったものである。プロセスの全体を図1に示す。

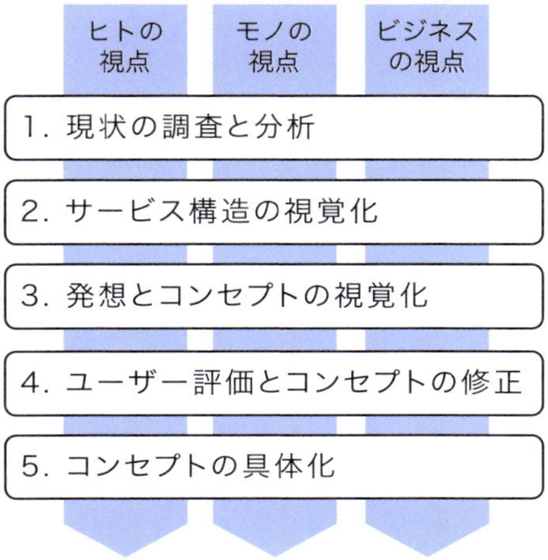

図1. サービスデザインのプロセス概要図

（ヒトの視点／モノの視点／ビジネスの視点）
1. 現状の調査と分析
2. サービス構造の視覚化
3. 発想とコンセプトの視覚化
4. ユーザー評価とコンセプトの修正
5. コンセプトの具体化

1. 現状の調査と分析

　対象となる既存のサービスや、類似のサービスを対象に、現状の調査と分析を行う。ヒトの視点では、現状サービスの顧客の利用状況やニーズを調査する。モノの視点では、現状のサービスの構成要素となっているさまざまな製品や空間、情報などを多角的に調査する。ビジネスの視点では、現在のサービスの提供状況などを調査する。

2. サービス構造の視覚化

　調査結果に基づいて、現状のサービス構造を視覚化し、提案するコンセプトの枠組みを検討する。ヒトの視点では、エクスペリエンスマップ[*5]を用いてヒトとモノの相互作用を構造として視覚化する。モノの視点では、物理空間と情報空間の構造を視覚化して整理する。ビジネスの視点では、現在のビジネスモデルを視覚化する。

3. 発想とコンセプトの視覚化

　現状のサービス構造を視覚化し把握できたら、具体的なデザイン対象を明確にし、アイデア発想を行い、コンセプトとして整理する。ヒトの視点では、提案するペルソナや価値を視覚化し、提案する体験をストーリーボード[*6]などで視覚化する。モノの視点では、提案する体験に沿って顧客が関わる具体的なモノが、どのような構造・見栄えであるかを視覚化する。ビジネスの視点では、提案するビジネスモデルを具体化し、わかりやすく視覚化する。

4. ユーザー評価とコンセプトの修正

　視覚化されたコンセプトを用いて、ユーザーによる評価を行う。ヒトの視点、モノの視点、ビジネスの視点、それぞれの観点から評価を行い、改善のための修正を行う。これによって、最終的なデザイン提案がまとまる。

5. コンセプトの具体化

　最終的なデザイン提案に基づいて、その全部もしくは一部について、プロトタイプを作成する。ヒトの視点では、顧客体験のプロトタイプ。モノの視点では、具体的なモノのプロトタイプ。ビジネスの視点では、ビジネスモデルのプロトタイプを作成する。

❹ サービスデザインワークショップの役割

　サービスデザインでは、検討すべき事柄が広範囲に渡るため、チームで作業を行う方が適している。また、サービスを多面的に検討するためには、多様な価値観を持ったメンバーとのワークショップを通して、デザインプロセスを進めることが有効である。

[*5] **エクスペリエンスマップ:** ⇨p.60
[*6] **ストーリーボード:** ⇨p.72, 教 p.45

3-2 オリエンテーション
― チームを作ろう ―

1 サービスデザインのチームを作る

サービスデザインでは、多様なデザイン対象を設計する必要があるため、チームでデザインすることが基本となる。例えば、リーダー、ユーザーリサーチャー、グラフィックデザイナー、プロダクトデザイナー、プログラマーなどそれぞれ専門性の異なるメンバーでチームを構成する場合がある。また、チームメンバーには、サービスの制作者だけでなくユーザーにも参加してもらうことが望ましい。そして、このチームメンバーがうまくコラボレーションするためにはチームビルディング [*1] が鍵となる。チームビルディングとは、「チームのメンバーが共通の目標に対して、思いをひとつにして進んでいけるチーム作りのこと」である。

1. チームビルディングのワークショップ
ここでは、チームビルディングのワークショップの進め方を紹介する。
1)チームのメンバーが2人1組になってそれぞれの自己紹介をお互いに聞いて、相手の人を理解する。次にチーム全員で、隣の人の他己紹介して、チームのメンバー全員を理解する。
2)メンバーそれぞれが、「好きなこと」と「嫌いなこと」を10個ずつ紙に書き出す。
3)メンバー全員で、書き出した紙を見て、メンバー全員が「好きなこと」と「嫌いなこと」を整理する。また、メンバー全員が「好きなこと」と「嫌いなこと」を見て、チームの特徴についてブレインストーミングする(図1)。
4)チームの特徴を考慮して、「チームの名前」を決定する。また、「チームメンバーの似顔絵」を書く(図2)。
5)各チームで、自分たちのチームの紹介をする。まずは、「チームの全員の好きなことと嫌いなこと」を紹介する。次に、「チームの名前」と「チームメンバーの似顔絵」を見せる。最後に各チームで、メンバー全員でかけ声をあげて団結を示す。

2. ワークショップのコツ
1)チームビルディングでは、まずは隣の人と仲良くなることが重要である。そのために、他己紹介して隣の人のことをよく知る必要がある。
2)「好きなこと」と「嫌いなこと」は、できるだけ具体的な言葉を書く。例えば、「音楽」ではなく「ロック」、「お酒」ではなく「ワイン」のように記す。また、一日の生活を考えてもらい、朝起きたときに好きなこと、会社にいるときに好きなこと、寝るときに好きなことなどを考えてもらうと、多くの項目を引き出すことができる。

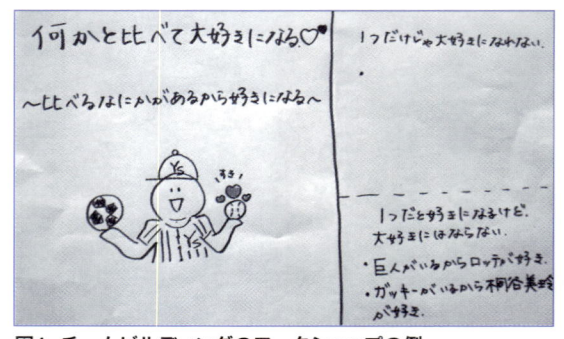

図1. チームビルディングのワークショップの例

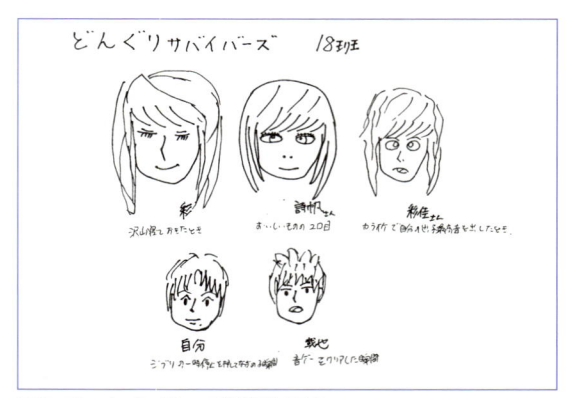

図2. チームメンバーの似顔絵の例

*1 サービスデザインのチームビルディング: プロジェクトの初期段階に、サービスデザインに関連する人達により、プロジェクトの目標やプロセスを共通に理解し、強力にコラボレーションできる人間関係作りが重要である。

② サービスデザインの視点を把握する

　サービスデザインは、ヒト・モノ・ビジネスを考慮して、人間中心設計のプロセスを活用しながらデザインする。ヒトを考慮するということは、どのようなヒト（利用者や関連者）が、どのような状況でどのような体験をするのかを明らかにすることである。モノを考慮するということは、サービスデザインの対象物である「空間、プロダクト、商品、グラフィック、Webサイト、アプリ、サービス提供者の作法など」がどのように見えて、どのような構造であるかを明らかにすることである。ビジネスを考慮するということは、お金、ヒト、モノの流れやつながりを明らかにすることである。

表1. サービスデザインの6つの視点

	飲食店に入る前	飲食店に入ったとき	飲食店から出たあと
ヒト			
モノ			
ビジネス			

1. 飲食店のサービスデザインワークショップ

　ここでは、飲食店におけるサービスデザインを例に、サービスデザインをどのようなプロセスで進めていくのかをワークショップを通して学ぶ。

1）飲食店の体験の思い出

　各チームのメンバーが、これまでに行った飲食店での体験を思い出して、「よかった体験、残念だった体験」を語り、その概要をふせんに書き出す。体験を書き出すときには、でるだけ具体的な体験を語る。例えば、「料理がまずかった」というのではなく「出された枝豆が塩辛かった」というようにどこがどのようにまずかったのかを説明することで、チームメンバーを共感を得ることができる。

2）6つの視点への分類

　ここで語られた体験を縦軸にヒト・モノ・ビジネスという視点と、横軸に「飲食店に入る前、飲食店に入ったとき、飲食店から出たあと」という視点で捉え、6つの視点に分類する（表1）。

3）課題とアイデア発想

　分類された6つの視点のそれぞれの課題を検討して、ふせんで課題を書き込む。6つの視点のそれぞれの課題を把握したうえで、課題を解決するアイデアをふせんに書き出す（図3）。

4）サービスデザイン提案

　いろいろなアイデアを集約して、1つのアイデアとしてまとめて、そのアイデアを視覚化する。アイデアのタイトルは文字で書き、アイデアのイメージはスケッチで描く。

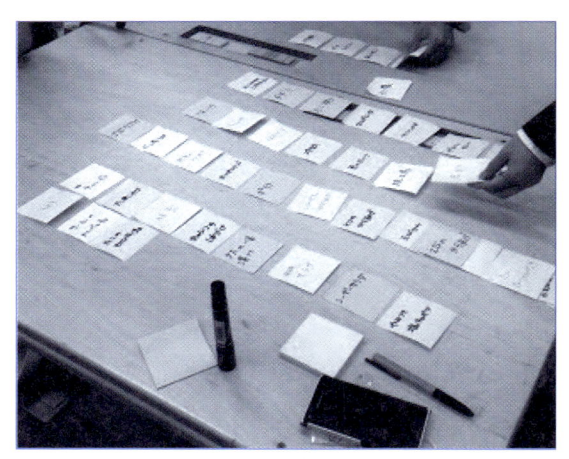

図3. 課題とアイデアをふせんに書き出す

2. ワークショップのコツ

1）アイデアはできるだけ図式化することで、メンバーでの共有がしやすくなる。

2）ここでは、あえてヒト・モノ・ビジネスに分けているので、それぞれの視点で考えてみる。

3-3 テーマの設定
―課題とテーマを理解しよう―

1 サービスデザインの課題を理解する

サービスデザインのプロジェクトで与えられた課題を、自由な視点でチームのメンバーと体験して理解することは重要である。そのために見立て[*1]を活用するとよい。人間は風景や建物、モノを見ると、無意識のうちに見立てをして見ている場合ある。例えば、煙突を船のマスト、雲の形を人の顔に見立てることがある。子どものころは、この見立てを使って自由な発想をしていたが、大人になると見立てをすることを恥ずかしいと感じたり、大人らしくないと考えて、表に出さなくなる。もう一度、見立てをすることの大切さを学び、風景から見立てのスケッチをすることで、自由に発想することを思い出させてくれる。

これはブルーノ・ムナーリ[*2]の「まだ間に合ううちに、ひとは思考したり、想像したり、空想したり、クリエイティブでいる習慣を身につける必要がある」という言葉に近い部分がある。

1. スケッチ遠足・ワークショップ

課題を頭で理解するだけでなく、グループのメンバーで体験して理解するためにワークショップを行う。ここでは「モバイルサービス」が課題として与えられた場合に、モバイルをチームのメンバーで体験して、モバイルについて考えるきっかけとする「スケッチの遠足」のワークショップを紹介する。

1) 遠足の場所を相談する

グループのメンバーでワークショップ周辺の興味がある場所などを検討して、遠足に行く場所を決める。もし、すでに興味があるテーマなどがある場合は、そのテーマを意識した場所に行く。

2) 場所に移動して気づきを得る

その場所へ移動する途中や場所に到着してから、環境や人を観察して、「気づき」を紙に書く。

3) 妄想スケッチを書く

「気づき」をもとに妄想スケッチを書く。妄想スケッチとは、「気づき」から妄想したことを絵にすることである(図1)。妄想するときに、見立てを活用すると発想しやすい。スケッチは、行った場所で書いてもよいし、戻ってきて書くこともできる。妄想スケッチには、何を見立てたのか、見立てたモノもスケッチに付け加えるとわかりやすくなる。

4) 発表する

「どのような場所で、どのようなモノを見立てたのか」を妄想スケッチを説明しながら発表する。

図1. 妄想スケッチの例
上は花をバレリーナに見立てている。下はセーターの模様を魚などに見立てている。

2. ワークショップのコツ

場所に行って、気づいたこと、過去のことで思い出したこと、未来のことで思いついたことを活用する。

[*1] **見立て:** あるものをそのまま表すのではなく、他のものになぞらえて表現すること。和歌や俳諧、歌舞伎など日本のさまざまな芸術において、この「見立て」の技法が用いられている。

[*2] **ブルーノ・ムナーリ:** 美術家、グラフィックデザイナー、プロダクトデザイナー、教育者、絵本作家、彫刻家など、幅広い分野で活躍した世界的に知られるイタリアのアーティスト(1907-1988年)。晩年は日本を含む国内外でこどものための造形ワークショップ活動に力を注いだ。

❷ サービスデザインのテーマを設定する

サービスデザインの課題から具体的なテーマを設定するためには、対象ユーザー、使う場所、使う目的などを設定する必要がある。例えば、「パートタイムで働くお母さんが、通勤中に小学生の子どもの状況を知ることができる」、「1人暮らしのおじいさんが家の近くの場所で健康の維持によい活動ができる」などのようにテーマを設定する。対象ユーザー、使う場所、使う目的などをテーマとして設定することで、対象ユーザーの調査、対象ユーザーが使っているモノの調査など、次の段階に進むことができる。

1. テーマ設定のためのワークショップ

ここでは、テーマシートを活用してテーマを設定するワークショップを紹介する。

1) テーマのアイデア出し

チームのメンバーで、課題を考慮してテーマのアイデアをふせんに書き出す。アイデアを出す場合には、対象ユーザーは誰にするか、どこで使うテーマにするか、どんな目的のテーマにするか、どのようなうれしいことがあるテーマにするかなど、断片的でもよいので思いついたことをたくさん書き出すことがポイントである。

2) 状況の設定

断片的なアイデアの中から、チームのメンバーで課題にふさわしいアイデアを10個程度選択する。そのアイデアに対して、テーマシートに沿って下記の内容を設定する。

- ・対象ユーザーの設定
- ・使う場所の設定
- ・使う目的の設定
- ・使うシーンのスケッチ

3) チームでの検討会

集まったテーマシートをグループのメンバーで見渡す(図2)。課題に対して適切なアイデアと自分たちの視点で興味があるアイデアにふせんで印をつける。グループのメンバーが3票ずつ持ち、投票するのもよい。

4) テーマの提案

いろいろなアイデアを集約して、1つのアイデアとしてまとめる。そして、テーマシートに沿ってテーマを決定する。

2. ワークショップのコツ

最初は断片的なアイデアから開始して、サービスデザインの状況(対象ユーザー、使う場所、使う目的)を設定して、実際の具体的な状況を想定することで、テーマに沿った具体的なアイデアを発想することができる。

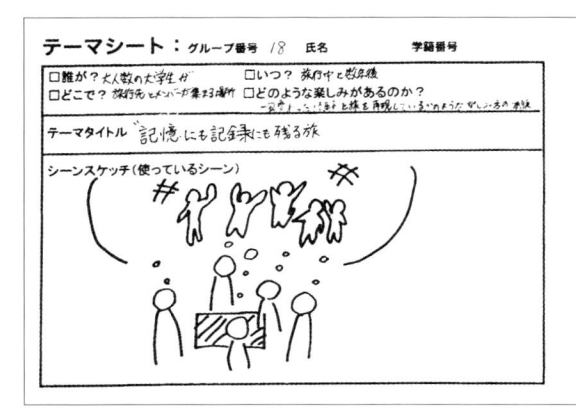

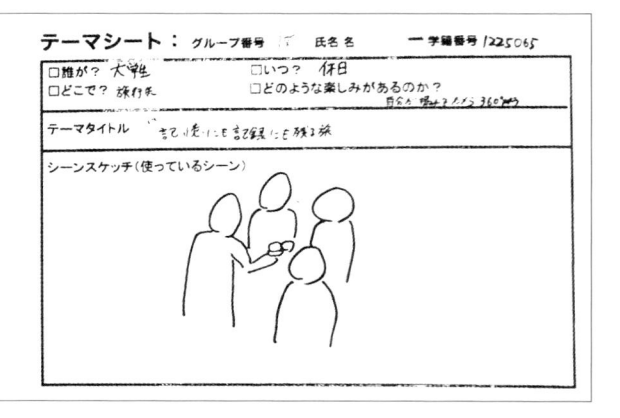

図2. テーマシートの記入例

3-4 質的調査
―ユーザーの行動を観察しよう―

1 質的調査とは
サービスデザインの調査では、定性的なデータをとる質的調査を行う。代表的な質的調査の方法を表1に示す。得られたデータを質的データとよぶ。

2 質的調査の目的
サービスをデザインする場合、課題が明確である場合と不明確な場合がある。とくに新しい技術や概念を導入してイノベーションを起こしたい場合は、課題が不明確なことの方が多い。

課題が明確な場合はユーザーテストや回顧的なインタビューでも何らかの洞察は得られるが、課題が不明確な場合は、開発者や対象ユーザー、またさまざまなステークホルダーが集まって一緒に解決策を探る必要がある。

まだ実在しないサービスの場合は、ユーザーがそのサービスと出会うポイントをブレインストーミングによって考えたり、寸劇を演じるように体験をプロトタイピングしながらアイデアを検証して問題を明確にしていくとよい。

また、既存のサービスを改善するような場合は、その現場に行ってサービスを利用するシーンを演じてみるのも効果的である。

3 オブザベーションのワークショップ
ここでは、実際のユーザーではなく対象ユーザー役にサービスを疑似体験してもらいながら、オブザベーション（観察）を行うワークショップを紹介する。

1. 対象ユーザー像を明確にする。
2. そのサービスがどのようなシーンで使われるか考えてみよう。またそのシーンの中で、ユーザーは何を求めて何をゴールとするのかチームのメンバーでブレインストーミングしてみる。
3. 次に考えたシーンの中でサービスを利用する際の作業ステップ（タスク）をふせんに書いて並べる（図1）。
4. このようなシーンでサービスは使われるだろうと思われる場所に行く。
5. 対象ユーザーはこのような人間だろうというユーザー役をその場に連れて行き、作業ステップを疑似体験してもらう。複数のユーザーが利用するシー

表1. 代表的な質的調査

調査方法	内容
エスノグラフィ（参与観察）	関与型フィールドワークともよび、調査対象の人々の生活に密着し行動と体験を共にする中で、その人々の社会と文化を自分の目で直接観察し理解し分析する方法。 例：都市エスノグラフィ（スラムでの共同生活）
オブザベーション（行動観察）	対象のふるまいを観察し、そこに潜む隠れたニーズを探索的に分析する手法。調査対象者が見られていることを意識している場合と意識していない場合がある。 例：店頭観察・アイトラッキング
エスノグラフィックインタビュー	調査対象者にサービスを実際に利用・操作してもらいながら、その使い方に関して弟子が師匠に聞くように根掘り葉掘りインタビューする方法。記憶に頼る回顧的なインタビューに比べて、その利用・操作の直後に聞くために発話が純粋であるのが利点である。 例：ホームビジット（家庭訪問）

*1 **シャドーイング：** 観察者がインフォーマント（フィールドワークにおける情報提供者）に影のように寄り添い、そのふるまいを観察するフィールドワーク技術のこと。

*2 **ラポール：** 語源は臨床心理学におけるセラピストと患者の信頼関係のこと。フィールドワークにおける観察者とインフォーマントやインタビューにおけるインタビュアーとインタビューイ（インタビューされる人）の信頼関係のこと。ラポールが形成された瞬間に、有益で質のよい情報を得ることが可能となる。

ンであれば、その人数でできるだけリアルに体験してみる（図2）。

6. 観察者は、対象ユーザー役に影のように寄り添いふるまいを記録する（シャドーイング *1）。サービスの設計者が意図していないような変わった行動や発話をしたときには、休憩時間などに隣に座って「なぜそうしたのですか？」などとインタビューを行う（図3）。

7. これらの質的なデータは、各自の思うままの記述方法でメモしていく。これをフィールドメモとよぶ。

④ **ワークショップのコツ**

サービスを疑似体験しながら、対象ユーザー役に行動してもらう。このとき、記録者は行動に口を出したり利用方法を示唆したりせず、記録者に徹するよう注意する。それをしないと対象ユーザー役は自然な行動をしなくなり助言を求めだす。

休憩しているときにはできるだけ隣に座って雑談しながらインタビューをするのもよい（図4）。そういうときにはラポール *2 が形成されやすいので、行動やふるまいだけではなく、プロフィールやゴールなどの質問も可能になる。

⑤ **ワークショップのふりかえりのポイント**

1. いかに対象ユーザー役が自然に経験の流れを演じているか。
2. インタビュアーや記録者は、対象ユーザー役に必要以上に干渉することなく参与観察できているか。
3. 適度なポイントで「行動の背景」を聞き出せているか。

図1. 利用シーンを書き出す
サービスがどのようなシーンで利用されるのか考えてみる。作業ステップ（タスク）をふせんに書き出してみる。

図2. オブザベーションの様子
サービスを疑似体験しながら、対象ユーザー役に行動してもらう。同行者は観察者に徹する。

図3. 行動の背景の聞きとり
対象ユーザー役がサービスの設計者が意図しないような変わった行動や発話をしたときには、適度なタイミングで「なぜそうするのですか？」と行動の背景をインタビューする。

図4. 休憩時間のインタビュー
休憩時間などには、対象ユーザー役の近くに座り途中疑問に思ったことや、プロフィールやゴールなどを質問するとよい。

3-5 質的データの分析
―調査分析からペルソナを作ろう―

❶ 質的データ分析の目的

　質的調査の代表的な分析方法に「KJ法」がある。KJ法は文化人類学者川喜田二郎氏が、フィールドワークで得た膨大なデータをまとめるために考案した手法である。ただし、本来の目的である「創造的な問題発見」を正確に行おうとすると、カードの書き方や分類の仕方にかなりの熟練と時間を要するため、誰にでも使い勝手がよい方法とはいえない。

　むしろ初学者が探索的なインタビューの結果を分析するのに向いているのは、上位下位関係分析法である（図1）。上位下位関係分析法は梅澤伸嘉氏によって開発された「潜在している未充足の強いニーズを発掘できる」インタビューの分析法である。

　これは、インタビューや観察で見つけたさまざまな外的な事象を切片化し、それを行為目標（何のためか）の似ているもの同士で分類し、そのグループを上位化して最終的にユーザーの本質的な要求価値まで昇華させる手法である。

❷ 上位下位関係分析のワークショップ

1. フィールドメモから、観察者が意図していなかったような気になる行動、発話、被験者本人が意図していない動きなどさまざまな事象をカードに書き出す。
2. ホワイトボードや模造紙を上下3段あるいは4段に分け、一番下の段（事象）よりカードを貼り始める。
3. 最下段にカードを貼り終えたら、行為目標が似ている同士をグループ化する。ここでのポイントは、似ているという意味の解釈の問題である。私たちは日常的に同じカテゴリーのものをグループと思い込む習慣がある。カードの記述が抽象化されていると間違った分類をしてしまう可能性がある。むしろカードを動詞で書いて、行動の奥に潜むユーザーの意図をくむ分析を心がけたい。
4. グループ化した行為目標をカードに書き、中段（ユーザーの行為目標）に貼る。
5. ユーザーの行為目標のカードより、本質的要求価値を考慮しながら、似ているもの同士をグループ化する。
6. ユーザーの本質的要求価値をカードに書き、上段（上位ニーズ）に貼る。このユーザーの本質的要求価値が抽出されれば分析は終了である。これに合わせてペルソナ像を作成する。

❸ 上位下位関係分析のワークショップのコツ

1. カードを書くときのポイントは、できるだけその光景が目に浮かぶように書くことである。

　カードに単語だけを書く人が多いが、「めんどうくさい」と書くのと「△△に時間がとられて、□□まで作業に手を割けない」と書くのでは、以降の分析の精度ががらりと変わってしまうことがよくある。これを防ぐために、あえて大きめのカードを使うことがある。余白が大きいと格好が悪いので、きちんと書いてくれる。
2. ある階層以上ラダーアップ[*1]できなくなるということがよく起こりうる（図2）。これは多くの場合、インタビューの不足に由来するものが多い。被験者が外部の人だと改めてインタビューをとることは難しいが、ワークショップのチームメンバーがリードユーザーだと、

[*1] **ラダーアップ**：調査によって得られたさまざまなユーザーの事象をグループ化して、ユーザーの本質的要求価値まで上位化していく操作のこと。

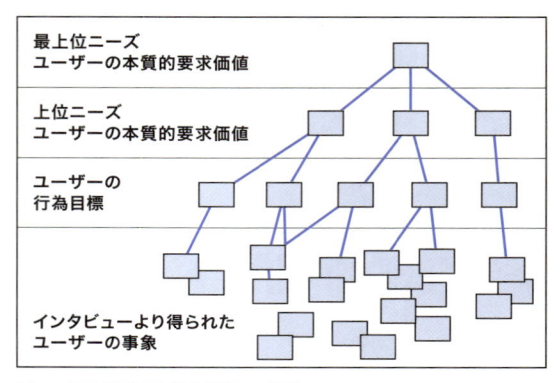

図1. 上位下位関係分析法の構造

図2. 上位下位関係分析法を行っている様子
うまくラダーアップしない場合は、インタビューや観察が足りない場合が多い。改めて調査してみるとよい。

図3. プラグマティック・ペルソナ

再度その件に関してのインタビューをとり直せばよい。それだけで、スムーズにラダーアップし始めることがよくある。

　この分析法の副次的によいところは、この再インタビューを重ねながら分析を行って行くうちに、インタビューでの質問の勘所が身についていくことでもある。
3. 上位化を3段ではなく4段で行い、最終的な「幸せになりたい」や「効率化したい」などという最上位ニーズの本質的欲求価値を4段目にわざと作っておくと、3段目の上位ニーズに具体性が出てわかりやすくなる。

❹ プラグマティック・ペルソナのワークショップ

　インタビューとその分析の過程で集められた情報をもとにペルソナを作成しよう。システムやサービスを開発する際に「対象ユーザー」を特定するのは、最も重要なことである。なぜならば、そのシステムやサービスを使うのはユーザーであり、評価するのもユーザーであるからである。

　ペルソナの作成方法は諸説あるが、今回は観察やインタビューを行ったユーザーたちから、最もサービスの利用者に相応しい人物像を統合して、創作する。

　この段階では、近年アジャイル開発などで使われている簡易な「プラグマティック・ペルソナ」を作ることにしよう。まだシナリオまで書き始めていないので、大まかな人物像を開発メンバーで共有できればよい。
1. 3-4質的調査で得られたフィールドメモや調査データをみんなで確認する。
2. 上位下位関係分析より得られた本質的要求価値をみんなで確認する。
3. これらの情報より、対象ユーザーに近いと思われる属性を統合して、1人の象徴的なペルソナを作成する（図3）。具体的には、「タイトル」、「人物写真」、「基本情報」、「利用状況」、「ゴール」を記入する。
4. 「タイトル」を記入する。ペルソナはどのような人物像であるかを一言で表した文章がよい。
5. 「人物写真」を貼る。記念撮影のような写真ではなく、その人らしい仕草や作業姿だとよい。
6. 「基本情報」を記入する。すべてを架空の情報で記述するのではなく、部分的には実際の観察やインタビューの要素を組み込んだ方がリアルな印象となる。また、内容は本質的要求価値や提案するサービスを考慮した文章とする。
7. 「利用状況」を記入する。ペルソナがサービスを利用するに至った経緯を記述する。本質的要求価値によって、それぞれ異なる内容となる。ここにペルソナの特徴が最もあらわれる。
8. 「ゴール」を記入する。ペルソナがそのサービスを使うことによって得られるユーザー体験を設定する。

3-6 ユーザー体験の視覚化
― エクスペリエンスマップを作成しよう ―

1 エクスペリエンスマップを作成する目的

これまで行ってきた質的調査や分析によって、対象ユーザーや彼らとサービスの関わりについて理解を深めてきた。その結果、ユーザーのペルソナや彼らの本質的な要求価値についてまとめることができた。次のステップとして、これまでの調査・分析で得られたデータや知見をもとに、ユーザー体験に関する要素の視覚化を試みる。これらの要素を視覚化する手法のひとつがエクスペリエンスマップ[*1]である。

エクスペリエンスマップを作成することにより、ユーザーの行動やタッチポイント[*2]、ユーザーの感情レベル、ビジネスの要素の関係性を整理することができる。サービスの利用経験を1つのマップにまとめることにより、サービス全体を俯瞰して全体の流れを見ながら課題を発見したり、課題を解決するための改善案やデザイン戦略を検討することができる。

このようにエクスペリエンスマップは情報の視覚化から問題解決まで幅広い用途で利用することができるが、ここでは既存サービスに関するユーザー体験を視覚化することを主な目的としてエクスペリエンスマップを作成する。

2 エクスペリエンスマップのワークショップ

エクスペリエンスマップの表現方法はさまざまで、左から右へ時系列に情報をまとめるパターンもあれば、円環状に情報をまとめるパターンもある。ここでは縦軸にマップの構成要素を順に並べ、左から右へと時系列に情報を並べていくマトリクス型の形式を用いる（図1）。

1. 体験要素の洗い出し

ペルソナがサービスを体験するときの要素を洗い出す。ペルソナを作成した時点で、ペルソナがサービスを利用することによって得られる体験（ゴール）やサービスを利用するに至った経緯（コンテクスト）を整理しているので、この内容に沿って、ペルソナがサービスを利用する際に行うタスクやタッチポイント、感情などをふせんに書き出していく（図2）。

2. ユーザー体験の整理

ふせんに書き出した要素を模造紙に貼っていく。これらの要素は、ユーザーのタッチポイント、ユーザーのタスク、感情などの情報の種類や時間軸で分類して貼るようにする。縦軸に情報の種類、横軸に時間軸をとって、サービス体験の要素を模造紙に貼っていく。まずはタッチポイントやユーザーのタスクから貼り、次いでユーザーの感情やそのレベルをグラフで表す。体験の要素が貼れたら、それをもとにビジネス要件もマップに貼っていく。

3. 不足情報の追記

体験およびビジネスに関する要素をマップに貼ることができたら、一度マップを見直してみる。そこでもし、マップ上に空白の場所があれば、これまでの調査結果を参考にして情報を追記し、マップ上に貼っていく。

4. エクスペリエンスマップの確認

マップが完成したら、一度マップの内容をペルソナの視点で確認する。ペルソナの行動や価値観と一致しない部分があればその場で修正する。以上のプロセスを経て、エクスペリエンスマップを完成させる（図3）。

[*1] **エクスペリエンスマップ**：あるサービスを利用するユーザーの体験を構造化し、図解を交えて説明することのできる手法である。エクスペリエンスマップはユーザーがとる行動やサービスと、顧客の接点を中心に構成されている。ストーリーがユーザーエクスペリエンスの流れをペルソナの視点で見るのに対し、エクスペリエンスマップは体験を要素分解して網羅的に見ることを得意とする。カスタマージャーニーマップともいう。

[*2] **タッチポイント**：サービスと顧客とのすべての接点のこと。とくにサービスや組織、あるいはブランドについて、顧客に何らかの印象が残る接点を指す。

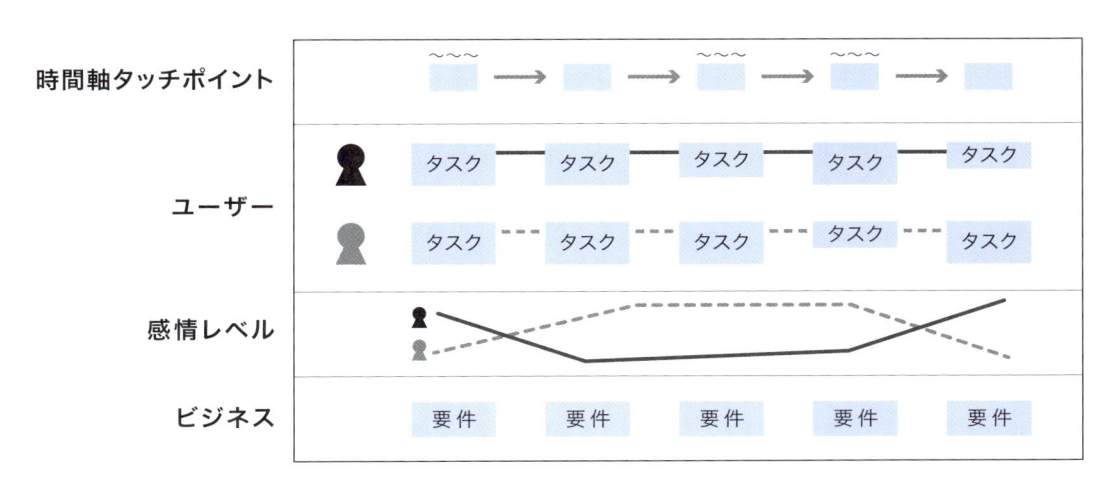

図1. エクスペリエンスマップの形式

③ ワークショップのコツ

　まず最初に、これまで整理してきた情報をエクスペリエンスマップのフレームワークに情報をプロットしていく。一度マップに情報をプロットすることで、要素の抜けや漏れ、間違いが鮮明に見えてくるので、情報を完璧に整理しようとせず、まずはマップにプロットしてみることが重要である。繰り返し確認しながらブラッシュアップすることで、エクスペリエンスマップの完成度を高めることができる。

　マップを作るときは、主要ユーザーのタスクからプロットすると進めやすい。タスクをプロットした後、タッチポイントや感情レベルなど他の情報を枝葉のようにプロットすることによって、スムーズにマップを作成することができる。

　ここではマトリクス型の形式を使っているが、繰り返し行うような体験なら円形や線形と円形を組み合わせた形式を使っても構わない。

図2. エクスペリエンスマップを作成している様子

図3. 完成したエクスペリエンスマップの例

④ ワークショップのふりかえりのポイント

1. 正確さ：プロットされている情報が正しいか。エクスペリエンスマップの各ステップに記載されている情報に整合性がとれているか。
2. 利用の流れ：エクスペリエンスマップの最初から最後のステップまでウォークスルーしてみて、事実と異なるところはないか、順番がおかしくないか確認する。

　エクスペリエンスマップを作り出した最初の段階では、整合性がとれているようにみえても、マップの範囲が広がり情報量が増えてくるにつれて、全体の辻褄があわない場合もでてくる。部分と全体の行き来を繰り返し、確認を重ねてマップの精度を高めていくとよい。

3-7 モノの視覚化
― 空間のレイアウトとサイトマップを作成しよう ―

1 モノの視覚化の目的

ここでは、モノの視点から物理空間や情報空間の構造を視覚化するためのワークショップについて解説する。構造を視覚化する目的は、現状の対象物やその関係性を理解することである。これまでは、ユーザーやユーザーの行動に着目して分析を進めてきたが、ここでは、ユーザーの利用する物理空間や情報空間を調査・分析の対象にする。

空間構造やその構成要素の関係を理解することは、現状分析やその後提案するデザインにとって非常に重要なステップであり、対象物の関係性を理解することで、現状抱えている課題や、問題点を関係者で共有することができるようになる。

2 物理空間の構造可を視覚化するワークショップ

まずは物理空間を視覚化する手順を紹介する。

1. 空間構造の記述

対象となる物理空間の構造を記述する。例えば、物販店舗や飲食店など対象とする店舗の間取りを正確に、かつある程度抽象的にスケッチする。

2. 物理空間の構造化

スケッチした空間に、それぞれの要素の特徴を記入する。図1では、大学の売店の空間構造を視覚化した例を紹介する。ここでは売店の各ゾーンを定義し、その特徴を文章で記述している。

3 情報空間の構造を視覚化するワークショップ

次に情報空間を視覚化する手順を紹介する

1. Webサイトを構成する要素のラベリング

Webサイトのページや要素（コンテンツ・機能など）に対して名前を付け、ふせんに書き起こす。

ふせんにはページ名を記入する。それ以外にも、

図1. 物理空間の構造を視覚化した例

＊1 Webサイト構造のパターン： 直線型はそれぞれのページが順番に直線的につながっているシンプルな構造である。チュートリアルなどの各ページを順番に遷移してほしいときに用いられる。ハブ＆スポーク型はメインページ（ハブ）には各セクションへの入口があり、各セクション（スポーク）にはメインページに戻る導線が用意されている。スマートフォンなどの小型端末によく用いられる。Web型はそれぞれのページに相互にリンクが貼られていてどのページにも行けるように網の目状の構造をしている。階層型は上位階層と下位階層のコンテンツが親子関係になっている。情報を整理して表示する必要があるときによく使われる。ファセット型は下位階層のページが複数の上位カテゴリに属している。

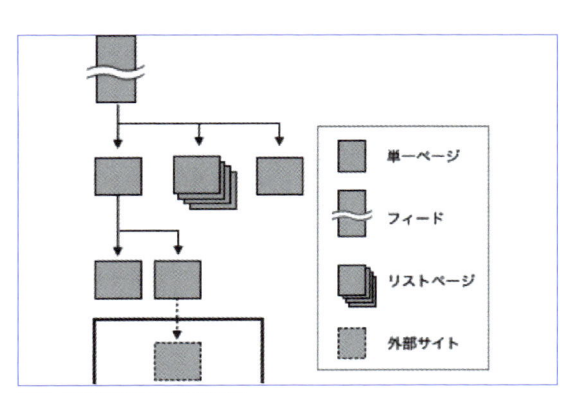

図2. 情報空間の記述方法

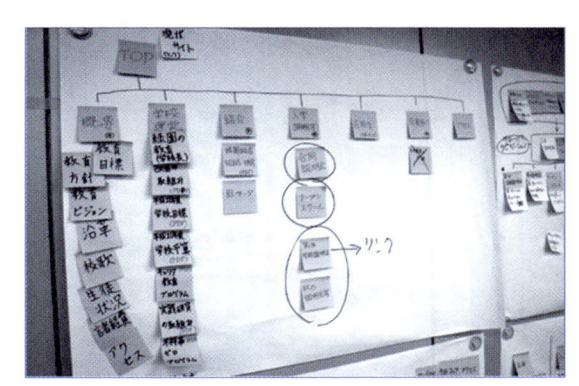

図3. 情報空間の構造を視覚化した例

そのページの特徴を記入しておくと、後で分析するときに便利である。

2. Webサイトを構成する要素の構造化

　Webサイトの構造にはいくつかパターンがあるので、分析対象のサイトがどのような構造パターンになっているかを見極めることが重要である(図2)。主なWebサイト構造のパターン[*1]には、直線型、ハブ&スポーク型、Web型、階層型、ファセット型などがある。

　ホワイトボードや模造紙にWebサイトの要素をマッピングしていく。マッピングは最上位階層(トップ)を起点として、主導線から順番に行う。主導線を構造化したら、他の導線も追加し、構造を順に肉づけしていく(図3)。

3. 画面遷移やインタラクションの追加

　Webサイトの構造には画面遷移だけではなく、ページが遷移するときのインタラクション(ユーザーのアクションやその結果)も追加する。(例えばユーザーがトップページで検索すると、商品一覧が検索結果として返ってくる場合、画面を結ぶ線上に「検索」とアクションを記入する。)

④ ワークショップのコツ

1. 物理空間の構造化：対象空間を正確に写し取ることが重要である。各要素の大きさや各要素の関係性を正確に描写しよう。続いて重要になるのが抽象化である。すべての対象物を正確に再現しようとすると、要素が大きすぎてかえって複雑になってしまう。ある程度対象を抽象化し、ユーザーにとって必要なものだけを選んで構造化しよう。

2. 情報空間の構造化：調査対象によっては、すべてのWebサイト構造を1枚のマップで書こうとすると表現しきれないことも多い。主要な導線を正確に表現し、あまり重要でないところは思い切って削除するなど、取捨選択することが重要である。

　最近ではFacebookやTwitterなどに代表される、フィード型のページも増えてきている。こうしたページでは、ページ間の遷移という概念はなく、ひとつのページ内で情報が次々に更新され、1ページが次第に長くなっていく。マップ上では一般的な静的ページとの違いがわかるように工夫しよう。

⑤ ワークショップのふりかえりのポイント

1. 正確性：主要な要素やその関係性を見直し、重要な要素や記述が抜けてないか確認する。

2. 抽象度：空間構造を視覚化するときには、正確に書くことに加えて、要点を絞って重要なリンクを選び出し、このバランスをとるのが重要である。

　空間構造を記述するにあたって重要な要素は記入し、そうでない補足的なリンクは削るなどして、重要な要素は保ちつつ、シンプルさを保つよう心がけよう。

3-8 ヒトからの発想
― シナリオと体験からアイデアを考えよう ―

1 シナリオを活用してヒトから発想する

サービスデザインのアイデアを発想するアプローチは、ヒトからの視点で発想する方法と、モノからの視点で発想する方法がある。サービスデザインのコンセプトなどを発想する場合は、まだどのような対象物をデザインするのか決定していない場合もある。ここでは、シナリオを生かした発想法を紹介する。

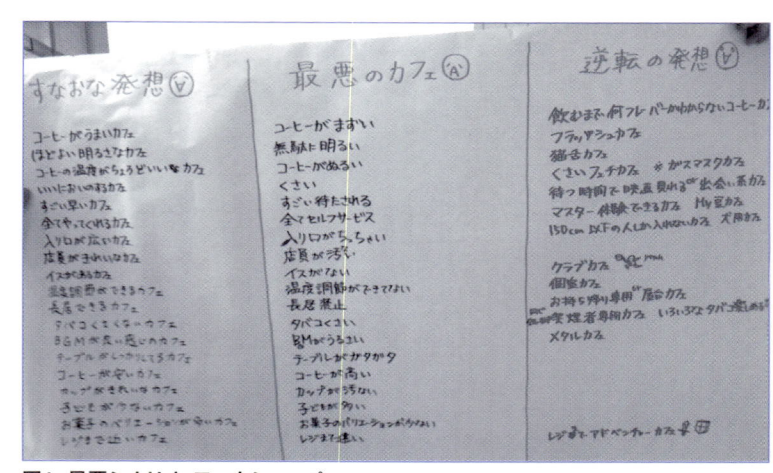

1. 最悪シナリオ・ワークショップ

対象となるユーザーの視点でシナリオを使ってアイデアを発想するシナリオベースドデザイン [*1] というアプローチがある。対象ユーザーがどのようなユーザーで、どのような価値があるのかを確認して、テーマと対象ユーザーを考慮して、ユーザーシナリオをたくさん作る。ここでは最悪シナリオ・ワークショップを紹介する（図1）。

1) 対象ユーザーを確認する

対象ユーザー（ペルソナ）と対象ユーザーの価値をみんなで確認する。

2) 最悪シナリオを書く

テーマと関連して、対象ユーザーにとって最悪・最低な状況を発想した「最悪シナリオ」を中央に書く。

3) 解決シナリオを書く

最悪のシナリオを解決する「解決シナリオ」を、最悪シナリオの左側に書く。解決シナリオは、最悪な問題を素直に解決するシナリオである。

4) 逆転シナリオを書く

最悪シナリオの右側に、素直に解決するのではなく最悪なことを活用する「逆転シナリオ」を書く。逆転シナリオは、最悪なことを生かしつつ問題を解決するシナリオである。例えば、ネズミが出るカフェがあればネズミカフェとして宣伝する。

5) 提案シナリオをまとめる

発想したすべてのシナリオの中から、サービスにとって大切なシナリオをピックアップして、「提案シナリオ」を複数作成する。提案シナリオとは、対象ユーザーに体験してもらいたいアイデアをシナリオで表現したものである。

2. ワークショップのコツ

1) シナリオには5W1Hを表現する
2) いつ・どこで（when, where）は状況を表す
3) 誰が（who）はユーザーを表す
4) 何を（what）は対象としている商品を表す
5) どうして（why）はユーザーの目標や期待を表す
6) どのように（how）はその商品の使い方を表す

図1. 最悪シナリオ・ワークショップ

*1 シナリオベースドデザイン：ユーザーの利用状況をシナリオ化して記述することによって、生活の中で彼らが抱える欲求や問題を把握するための手法。参考文献として次が挙げられる。ジョン・M・キャロル, シナリオに基づく設計, 共立出版, 2003.

*2 体験マトリックス：ユーザー体験の視点からアイデアを発想するためのマトリックス。縦軸と横軸にユーザー体験のいろいろな要素を記入して、マス目の中にアイデアを書き込む。

*3 強制発想法：アイデアを得るためにさまざまな事柄を強制的に結び付けて発想する方法。これまでにない新しい発想を得ることができる場合がある。

② ユーザーの体験から発想する

対象ユーザーの体験という視点でアイデアを発想する。対象ユーザーがどのような体験をするのか、体験マトリックス[*2]を活用して、対象ユーザーにとってうれしい絵コンテをたくさん作る(表1)。

1. 体験マトリックス発想ワークショップ

ここでは、体験マトリックスを使って、体験の状況をさまざまに設定し、多くのアイデアを創出する方法を紹介する。具体的には、状況設定の基本要素である、時間、場所、目的、対象ユーザーなどの要素の中より2つの要素を選択し、この2つの要素よりマトリックスを作る。そして、マトリックスのマス目にそれぞれの状況によって設定されたアイデアを創出する。この発想は、強制発想法[*3]で用いるもののひとつである。

1) 体験の要素

対象となるユーザーがどのような体験をするのか、だれが、いつ、どこで、どのような体験をするのか、といった要素を項目として抽出する。

2) 体験マトリックスの作成

体験に関する要素である「だれが」「いつ」「どこで」「どのような」の中より2つの要素を抽出して、横軸と縦軸の項目にしてマトリックスを作る。例えば、横軸には「いつ」という要素から、「朝、昼、夜」という3つの項目を設け、縦軸には「どこで」という要素から、「自宅、公園、駅」という同じく3つの項目を決める。横軸と縦軸の2つの要素よりマトリックス(表)を作る。

3) 体験マトリックスへのアイデア発想

体験マトリックスのマス目に、それぞれの状況によって設定されたアイデアを創出する。発想したすべてのアイデアの中から、提案するのにふさわしいアイデアを複数選び出して、詳細のアイデアを検討する。

4) サービスデザイン提案

いろいろなアイデアを集約して1つにまとめ、そのアイデアを視覚化する。アイデアのタイトルは文字で書き、アイデアのイメージはスケッチで描く。

2. ワークショップのコツ

1) 無理やりでもよいのですべてのマス目にアイデアを書き込む。
2) スケッチが描けない場合は、文章だけでも書き込む。

表1. 体験マトリックスの例
横軸に3つの場所を設定し、縦軸に3人の対象ユーザーを設定して、9個のマス目を作った。この9個のマス目を埋めるようなアイデアを検討することで、幅広いアイデアを創出することができる。

	リビングルーム	キッチン	バスルーム
おばあちゃん			
自分			
子ども			

3-9 モノからの発想
―モノとその構造化からアイデアを考えよう―

1 モノから発想する

サービスデザインのアイデアを発想するアプローチは、ヒトからの視点で発想する方法と、モノからの視点で発想する方法がある。サービスデザインを具体化する段階では、サービスデザインの対象物がある程度決定している。ここでは、モノから発想するワークショップを紹介する。

1. モノから発想するワークショップ

プロダクトデザイナーのアキッレ・カスティリオーニ[*1]は「物を観察して、一見何でもないものから知性を発見することがデザイナーの第一歩」と語っている。ここでは、モノに関連する情報をユーザーの体験という視点から収集して、集めた情報を分類のうえ整理し、共通の体験を発見してアイデアとして展開するためのワークショップを紹介する（図1、2）。

1）対象とするモノを確認する
　対象とするモノをみんなで確認する。
2）モノに関連する情報を集める
　自分自身の記憶や思い出から集める方法と、関連するサービスやモノを使っている人を観察して集める方法がある。どちらの方法からも、得られたことや気づいたことを収集する。
3）集めた情報を整理する
　収集した情報を、共通点、異なる視点、興味ある視点などで分類して整理する。
4）共通の体験を発見する
　分類して整理した視点より、共通の体験を発見する。
5）アイデアを展開する

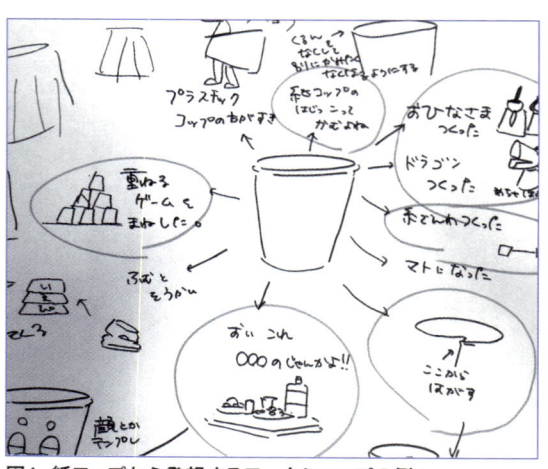

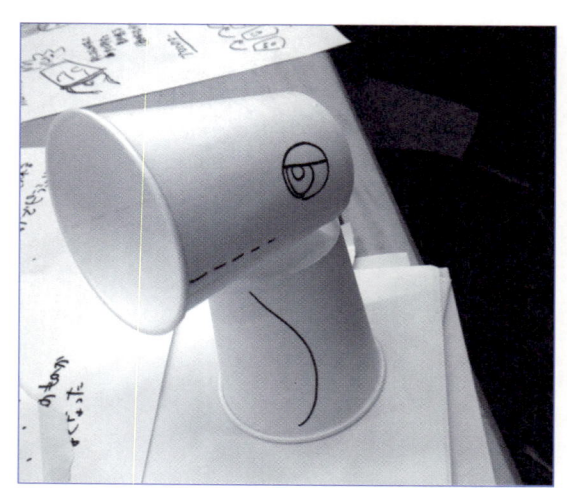

図1. 紙コップから発想するワークショップの例1

図2. 紙コップから発想するワークショップの例2

発見した共通の体験を生かして多くのアイデアを展開する。
6）提案アイデアを抽出する
　できあがったアイデアの中より、提案したいアイデアを抽出する。

2. ワークショップのコツ

モノから発想するときには、モノ自身から発想するだけでなく、モノを使った過去の体験や未来の体験から発想するのとよい。

---

*1 アキッレ・カスティリオーニ: 世界を代表するイタリアのプロダクトデザイナー（1918〜2002年）。照明、家具、雑貨、展示空間、建築、都市計画など数多くのデザインを手掛けた。

❷ モノを構造化して発想する

モノから発想するもうひとつのアプローチとしては、モノを構造化して発想する方法がある。この発想法は、モノの要素を分解して、各要素のアイデアを発想して、最後にアイデアを統合化するアプローチである。目標を論理的に分解し、具体的な目標とすることで、アイデアが発想しやすくなる。

例えば、ノートパソコンのデザインをする場合は、「ビジネスマンが持ち運んで快適に仕事ができる」という目標を「持ち運びやすい、快適、使いやすい、効率的」などに分解して、それぞれの要素のアイデアを発想する。

1. モノの構造化から発想するワークショップ

このワークショップでは、対象となるモノを要素に分解して、各要素ごとにアイデアを発想して、最後に統合する(図3)。

1) 対象ユーザー確認と目標設定

対象ユーザーを確認して、目標を設定する。

2) 要素に分解する

目標を構造的に要素に分解する。モノの視点での分解とは、モノの要素を分解することである。例えば、「電気スタンド」の場合は、「台座、スイッチ、照明を支える部分、ライト、フード」に分解する。

3) 各要素のアイデア発想

各要素に対して、アイデアを発想する。発想したすべてのアイデアの中から、提案するのにふさわしいアイデアを複数選定して、詳細のアイデアを検討する。

4) アイデアの統合

最後に、各要素のアイデアをすべて並べて俯瞰する。各要素のアイデアより、重要と思えるアイデアに印をつける。そして、印をつけたアイデアを集約して、1つのアイデアとしてまとめる。

2. ワークショップのコツ

目標を構造的に分解する場合は、モノの視点での分解だけでなく、ヒトの視点やビジネスの視点で分解することがある。

1) ヒトの視点での分解とは、ヒトの気持ちを分解することである。例えば、「美しい」という気持ちの場合は、「形がスマート、色があざやか、光っている要素を含んでいる」のように要素を分解する。

2) ビジネスの視点での分解とは、ビジネス要素に分解することである。例えば「レストラン」の場合は、「顧客、提供価値、施設、サービス、料理、飲み物、立地」のように要素を分解する。

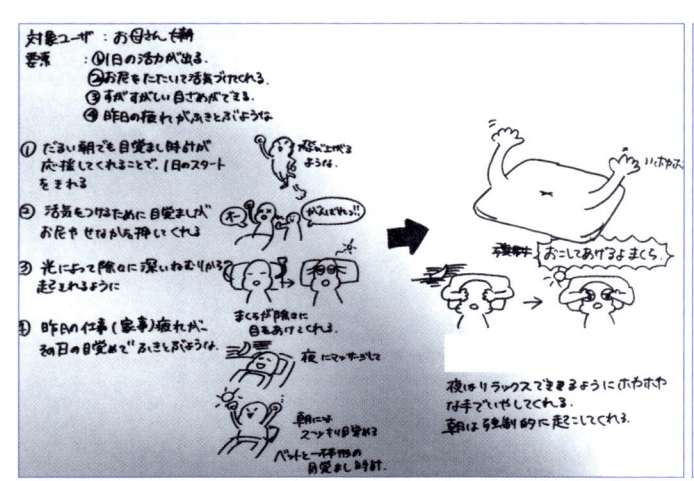

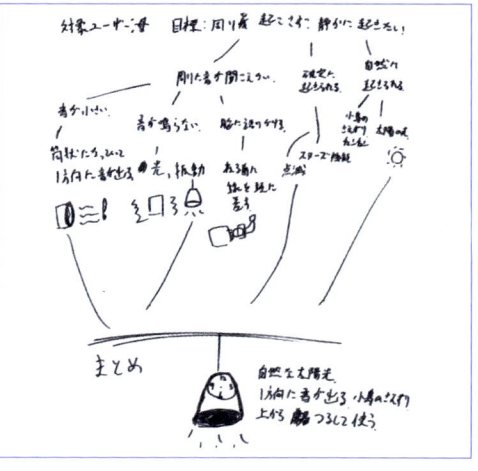

図3. 目覚まし時計を構造化から発想するワークショップの例

3-10 コンセプトの作成
―方向性とコンセプトのイメージを作ろう―

1 コンセプトを作る

コンセプトとは、デザインに関わる方向性をまとめた基本的な概念のことである。方向性（重点）には、「ヒトの方向性」、「モノの方向性」、「ビジネスの方向性」がある。それぞれを明確にすることで、コンセプトを作ることができる。

1. ヒトの方向性
- どの対象ユーザー（ペルソナ）に重点を置くか
- 提供価値のどこに重点を置くか

2. モノの方向性
- アナログ（空間、グラフィック、プロダクトなど）のどこに重点を置くか
- デジタル（Web、アプリ、サイネージなど）のどこに重点を置くか

3. ビジネスの方向性
- ビジネスモデル（仕組み、流れ）のどこに重点を置くか

2 ヒトの方向性を明確にするワークショップ

対象となるユーザーを選定し、そのユーザーの視点でどこに重点を置くのかを把握するワークショップを紹介する。ここでは、エクスペリエンスマップを活用して、どこの部分の体験に重点を置くのかを把握する（図1）。

1. 対象ユーザーを確認する
対象ユーザー（ペルソナ）と対象ユーザーの本質的要求価値をみんなで確認する。

2. エクスペリエンスマップを確認する
3-6ユーザー体験の視覚化で作成したエクスペリエンスマップを活用して、時間軸に沿って、対象ユーザーがどのような体験をするのかをみんなで確認する。

3. 重点を置く体験を検討する
みんなでエクスペリエンスマップを見渡して、マップ上のよい体験に対しては、さらによい体験にもっていった方がよいと思われる体験を選択する。また、マップ上の悪い体験に対しては、とくに改良した方がよいと思われる悪い体験を選択する。

4. ヒトの方向性を決定する
選択した体験の中より、プロジェクトの目的、ユーザーにとっての価値、実現性、新規性などを考慮して、どの体験に重点を置くのかを決定する。

3 ワークショップのコツ

対象ユーザーの本質的要求価値という視点からエクスペリエンスマップを眺めて、重点を置く体験を検討するという方法もある。例えば、「1人になりたい」という本質的要求価値がある場合は、いつ、どこで、1人になりたいのかを考慮してみる。

4 コンセプトの表現

検討したコンセプトをほかの人が理解できるよう

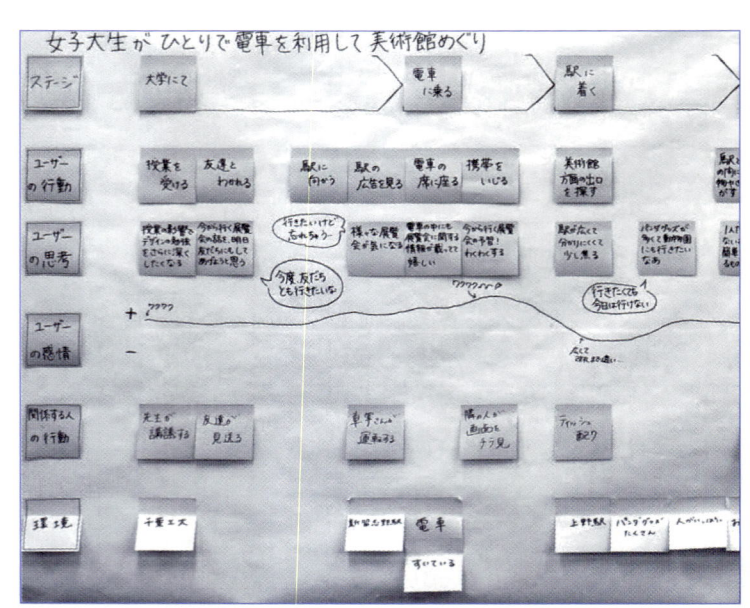

図1. ヒトの方向性を明確にするワークショップの例

にわかりやすく表現することが重要である。概念的なコンセプトをプロジェクトのメンバー、プロジェクトに関連する人々やコンセプトを評価してもらう人々にわかりやすく表現することで、話し合いにおいて相乗効果を促進させたり、コンセプトに対して適切な評価を得ることができる。

コンセプトの表現方法としては、コンセプトのカタログ、コンセプトのポスター、コンセプトのプレゼンテーション、コンセプトを雑誌の表紙風に表現するなど多様な方法がある。

コンセプトの表現の要素として、リードコピー（理念の言葉）、キーイメージ（理念のかたち）、ユーザーへの提供価値、使用シーンとモノのスケッチなどがある。ユーザへの提供価値は3個程度が適切な数である。

⑤ 雑誌の表紙作成ワークショップ

コンセプトの表現の1つとして雑誌の表紙がある。コンセプトが具体的なデザインになり、雑誌に掲載される場合、どのような雑誌の表紙になるか作成する。雑誌の表紙をデザインすることで、具体的なイメージがわかりやすくなる（図2）。

1. コンセプトの確認

対象となるユーザーはどのような人か？ 提案するコンセプトによりどのようなよい体験があるのか？ どのようなモノのイメージか？ などといった観点でコンセプトを確認する。

2. 雑誌の選定

対象となるユーザーや提案するコンセプトを表現するのに相応しい雑誌を選定する。例えば主婦で料理を作ることに興味がある人を対象ユーザーとしている場合は「オレンジページ」などの雑誌を選択する。

3. リードコピーの作成

コンセプトの表現の要素として、雑誌の特集タイトルのようなリードコピー（理念の言葉）を検討する。また、ユーザーへの提供価値をキーワードとして追加する方法もある。

4. イメージの作成

表紙のイメージは、コンセプトのキーイメージ（理念のかたち）や使用シーンとモノのイメージを活用して、スケッチを描いてみる。

5. 雑誌の表紙を完成させる

既存の雑誌のイメージをベースに、雑誌名、リードコピー、ユーザーへの提供価値のコピー、使用シーンやモノのスケッチや写真をレイアウトする。

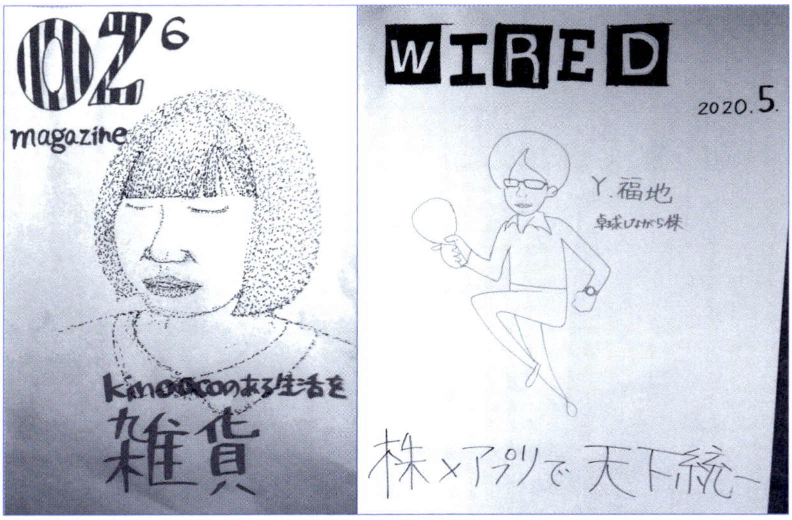

⑥ ワークショップのコツ

既存の雑誌を準備して、その雑誌のページを切り抜いたりして、表紙のイメージを作成することで、比較的容易に表現することができる。

図2. 雑誌の表紙作成ワークショップの例

3-11 コンセプトの視覚化
―ユーザーのふるまいとモノを視覚化しよう―

1 コンセプトの視覚化の目的

提案するサービスのコンセプトを作成したら、そのサービスがどのようなものかを具体的に表現する。コンセプトを具体化するには、まず、ユーザーがどのような体験をするのかを考え、次にその体験を実現するのに必要なモノ（人工物）を具体的にしていく。その際、なるべく簡易な形で表現し、評価を繰り返しながら、徐々に具体的な表現へと詳細化していくことが重要となる。いきなり具体的に作りこんだものを作ってしまうと、ユーザーからの評価を得て修正することが難しくなってしまう。

サービスデザインでは、本節で作成した表現を用いて、次節で示すコンセプトの評価を行い、修正すべき箇所が明確になったら、ここで作成した表現を修正し、修正案に対して再度コンセプトの評価を行うといったように、繰り返し評価を行うことが重要である。

ここでは、コンセプトからユーザーの体験を具体化したシナリオを作成し、そのシナリオの中で用いられるモノを、簡易なプロトタイプを用いて表現するワークショップを紹介する。

2 アクティビティシナリオ・ワークショップ

1. コンセプトに基づいて、ペルソナ（想定ユーザー）がサービスを利用するシーンを考える。
2. そのシーンごとに、ペルソナがどんな風に具体的にサービスを利用し、どんなうれしい体験を実現するのかを、ペルソナを主語にしてアクティビティシナリオ[*1]の形式で表現する（図1）。アクティビティシナリオでは、シナリオの中で用いるモノ（ハードウェアやソフトウェアなど）の動きや操作は、具体的に表現しないこと。例えば、「○○のボタンを押して、□□を実行した」のような書き方はしない。どうしてもうまく表現できない場合は「このサービスの仕組みを使って、□□をできるようにした」のように、できることを中心に表現するとよい。また、なるべくペルソナの考えや要求を、サービスを利用する際の流れや文脈に基づいて書くとよい。
3. アクティビティシナリオで表現したシーンをシーンスケッチとして描く。シナリオが長い場合は、4コマや6コマ漫画のように表現するとわかりやすい。
4. シーンスケッチを見せながら、アクティビティシナリオを発表する。

3 ペーパープロトタイプ・ワークショップ

アクティビティシナリオが書けたら、次はシナリオの中で登場するモノ（ハードウェア、ソフトウェア）の簡易プロトタイプを制作する。ハードウェアのプロトタイプであっても、紙やスチレンボードなどなるべく加工が簡単な素材を用いて、実寸サイズの大きさでだいたいのスタイルを作る（図2）。以下では、ソフトウェアのペーパープロトタイプ[*2]のワークショップを紹介する。既存の端末を用いない場合は、まずハードウェアのプロトタイプを制作し、そこで表示される画面サイズや形を決めてから、ソフトウェアのプロトタイプを制作する。

1. アクティビティシナリオで書かれたユーザーの要求や行動に沿って、ペルソナが行う必要があるタスクを明確にする。タスクとは、サービスで使用するモノに対して、ペルソナが行う入力などの操作や選択などの判断などである。
2. 書きだしたタスクをもとに、アクティビティシナリオを実現するのにユーザーが操作する必要がある手順をふせんで書き出し、操作の流れを体系的に整理する（図3）。これをユーザーフロー[*3]とよび、モノ側からの視点ではなく、ユーザー側からの視点を重視してサービスの構造を整理する。ユーザーフローで表現した1枚のふ

[*1] **アクティビティシナリオ**: ユーザーの要求と行動（アクティビティ）と、それに同期した人工物の操作（インタラクション）を分けて記述するシナリオ法。参考文献として、山崎和彦ほか、エクスペリエンス・ビジョン, 丸善出版, 2012. がある。

[*2] **ペーパープロトタイプ**: 人工物の開発において、上流工程（仕様書の段階など）でできるだけラフに紙でプロトタイプを作り、早い段階で評価を行えるようにするための手法。[教] p.120

[*3] **ユーザーフロー**: 画面遷移図をツリー型などの情報構造図で描かずに、ユーザーの利用体験に合わせた形で描くこと。

せんが、おおむね1画面になる。
3. ユーザーフローに沿って、画面のインタフェースを、まずは手書きでワイヤーフレームを使って描く(図4)。ハードウェアの輪郭と空白の画面を描いた書式を用意して、たくさんコピーしておくとよい。ただし、実寸よりやや大きめにしておくと描きやすく、一般的なスマートフォンの場合はB5サイズの紙いっぱいくらいに描くくらいがよい。ポップアップや画面の一部が変化するような表現は、その部分だけを別の紙で作成し、重ねたり入れ替えたりして表現し、それをコピーするなど、工夫するとよい。

　全部の画面を設計しなくてもよいが、少なくともアクティビティシナリオに沿って、ペルソナが操作する画面は制作すること。

❹ ワークショップのコツ

1. サービスの体験を表現したアクティビティ(コト)と、そこで使われるモノを分けることが重要となる。
2. アクティビティシナリオでは、インタフェースの用語や具体的な操作方法を一切使わずに表現する。その理由は、ヒトの要求(コト)はいつの時代も変わらないが、ハードやソフト(モノ)は非常に早く進化するからである。「おいしいものが食べたい」という要求はいつの時代でも普遍だが、それを実現するモノは、雑誌、Web、スマホ、ウェアラブルデバイスなど多様にあり、それぞれユーザーの操作はまったく異なってくる。
3. モノのプロトタイプは、いきなり詳細なものやコンピュータを使った表現をせず、むしろここでは手描きなど簡易でラフな表現にしておくほうがよい。
4. また、ソフトウェアのペーパープロトタイプは、既存のインタフェースの編集ではなく、ユーザーの要求と行動に合わせた文脈で設計する。

❺ ワークショップのふりかえりのポイント

1. アクティビティシナリオはインタフェースや操作方法の言葉を使わず、ユーザーの要求と行動を書いているか。
2. ユーザーフローはユーザーの文脈で描かれているか。
3. ペーパープロトタイプは、アクティビティシナリオに沿ったものであるか。

図1. レシピサービスのためのアクティビティシナリオ
ユーザーの文脈的な行動を、インタフェース用語を一切使わずに記述する。

図2. ハードウェアの簡易プロトタイプの例　紙やスチレンボードなど加工しやすい素材を使って、実寸で簡易に制作する。ラフで構わない。

図3. ユーザーフロー　ユーザーフローは、サービスの構造をユーザーの文脈から起こす。画面遷移図は成果物ではないので、ラフで構わない。

図4. ペーパープロトタイプ　ユーザーフローができたら、それに準じて画面設計を行う。

3-12 コンセプトの評価
―コンセプトを精緻化しよう―

❶ コンセプト評価の目的

コンセプトを具体的に視覚化したシナリオやモノを使って、提案するコンセプトを評価してみよう。

コンセプト評価では、2つの視点から評価する。1つはヒトの視点から、サービスの体験がユーザーにとって自然な行動やモチベーションの流れで利用できるかを評価すること。もう1つはモノの視点から、サービスの体験の中で使用するモノが、体験の文脈や環境の中で適切に使えるかを簡易プロトタイプを使って評価することである。

ここでは、ストーリーボードを使った評価を紹介する。ストーリーボードは通常、映画やアニメーションなど映像作品を制作する前に、物語を検討するために用いられる絵コンテのことを指す。映像作品は、時間の流れに沿って、場面の転換やつながりを表現することが重要となるため、時系列に場面を表現するストーリーボードはいわば映像作品の設計図となる。サービスも、時系列に沿ってしかユーザーが体験できないものであるため、ヒトからみたサービスの具体的な表現として、ストーリーボードが応用される。とくに、ユーザーがサービスを利用しているシーンを画像として表現できるため、第三者の協力者に評価してもらう場合にもわかりやすく、サービスデザインではコンセプト評価に用いられることが多い。

❷ ストーリーボードを使った評価のワークショップ

ストーリーボードを使った評価では、まず先にストーリーボードを作る必要がある。ここでは、ワークショップを2つに分け、ストーリーボードを作成する段階と、それを使った評価を行う段階、それぞれの進め方を解説する。

*1 **思考発話法**：人工物の評価をするときに、被験者に頭に浮かんだことを言葉（プロトコル）として声に出しながら操作や体験をしてもらうこと。行為の背景がリアルに発話されるために、人間の認知過程を推理しやすくなる利点がある。

1. ストーリーボードを作る

1）アクティビティシナリオに基づいて、利用シーンや場面を具体的に写真やイラストを使って表現する。

1つのアクティビティシナリオで表現されている行動を、さらに画面で分けて、それぞれの場面でペルソナがサービスを利用している写真やイラストを作る。例えば、提案するサービスの利用環境に近い場所で、ペルソナ役の人や関係者役を決めて、ペルソナがアクティビティシナリオ通りにサービスを利用する場面の写真を撮影するとわかりやすい。このとき、ハードウェアの簡易プロトタイプがあれば、ペルソナはそれを使っている様子を再現するとよい。これにはアクティングアウトを行いそれを撮影してもよい（図1）。なお、イラストで表現するときは、利用状況がはっきりわかるように描く。

2）ストーリーボードを作る（図2）。

アクティビティシナリオを構成する場面ごとに、B5かA4の用紙を1枚用意し、上・中・下の3つの部分に情報を整理する。上部には、ペルソナの行動を端的に示したタイトルを書く。中段には、アクティビティシナリオを書く。また、1）で撮影した写真もしくはイラストを貼り込む。下段には、この場面でペルソナが操作するタスクを書く。必要に応じて、アクティビティシナリオは補ってもよい。

2. ストーリーボードを使った評価を行う（図3）

1）時系列あるいは操作順に、ストーリーボードを並べる。それぞれの画面の下段に、ペルソナが操作するモノのプロトタイプを並べる。ソフトウェアの場合は、ストーリーボードに対応する画面設計（ペーパープロトタイプ）を並べる。評価のしやすさの観点から、ストーリーボードは、広めの壁に貼るとよい。

2）評価者となる第三者の協力者を連れてくる。評価者には、最初にペルソナシートを渡し、ペルソナになりきって評価してもらうよう依頼する。

3）評価者に、ストーリーボードの中段のアクティビティシナリオを読んでもらった後に、下段に貼ったペー

図1. アクティングアウトを撮影
ユーザー役と人工物役に分かれて、利用状況を演じている。それを撮影しておくと、ストーリーボードを制作するときは便利である。

図2. ストーリーボード
ストーリーボードは写真やイラストとシナリオで作る。経験的には写真はモノクロの方がイメージを喚起させる傾向がある。下段にはインタラクションのペーパープロトタイプを貼る。

図3. ストーリーボードを使った評価
協力者に思考発話してもらいながら評価を行う。観察者はまわりから示唆や質問をせず黙って観察する。

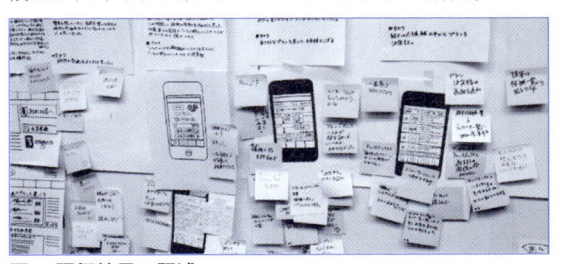

図4. 評価結果の記述
評価終了後、観察者は話し合いを行い、問題箇所にふせんを貼る。次の被験者は意外と気にならないようである。

パーパプロトタイプを疑似的に操作してもらう。ソフトウェアの場合は、画面を実際に操作するように、指で選択操作してもらう。このとき、評価者は頭に浮かんだ事柄を思考発話[*1]しながら、順次評価していく。
4）評価で発見された問題点やエラーは、ふせんに書きすぐその箇所に貼る。貼られたふせんは、他の被験者の邪魔にはならないようである。
5）評価終了後、評価テストの観察者や開発者は、ストーリーボードの前で話し合いを行い、問題点やエラーの解決案やヒントを色違いのふせんに書いて貼る（図4）。この際、サービス体験の評価と簡易プロトタイプの評価は区別して考えるとよい。

③ ワークショップのコツ

1. ストーリーボードは、時間があればできるだけ利用環境に近い場所で写真を撮るのが望ましい。ただし、時間的な制約があればイラストでもよいし、さらに時間がなければシナリオのみでもよい。要するに評価の協力者にペルソナの利用状況が理解できればよい。
2. 評価をする際に協力者は、思考発話をしっかりとする。なお、黙ってしまっているような場合は、発話を促す。
3. 評価を行っているとき観察者は、協力者に話しかけたり質問をしたりせずに観察に徹する。
4. 評価終了後に、気になった操作やエラーなどについて「行為の背景」を協力者にインタビューするとよい。
5. ストーリーボードとペーパープロトタイプを数日間貼りっぱなしにできれば、他の時間に再度集まったり1人で眺めたりと、他の手法に比べて長時間にわたる推敲が可能になるので、推奨する。
6. ペルソナとなるべく同じような属性を持ったユーザーを協力者としてお願いするとよい。

④ ワークショップのふりかえりのポイント

1. ストーリーボードは、ユーザーの複雑な文脈的利用状況を反映したものになっているか。
2. サービスとユーザーが出会うポイントはどこか。
3. とくにデジタルを使ったサービスと、リアルなサービスの移り変わりはスムーズか。

3-13 ビジネスの視覚化と評価
―ビジネスモデルを検討しよう―

1 ビジネスモデルの視覚化と評価の目的

新しいサービスのコンセプトを明確にできたら、ビジネスの視点をさらに掘り下げて検討してみる。ビジネスの視点といっても、この段階では、いわゆる市場性（どの程度儲かるか）を検討するのではない。これまで検討してきた理想的なサービスの体験を実現するのに、必要な経営資源や収益の大まかな流れについて検討し、どのように実現するべきかを考えることが目的である。

サービスを実現するために、ビジネスの観点から検討すべきことは多岐にわたり、また、視覚化しにくい項目が多い。ビジネスモデルキャンバス[*1]は、新しいサービスをデザインする際に必要となる検討項目を9つの項目[*2]にまとめ、ビジネスモデルを検討しやすく、またわかりやすく表現できる方法である（図1）。このビジネスモデルキャンバスを使うことで、サービスのコンセプトを実現するために必要となるビジネスの要素を全般的に検討することができる。

2 ビジネスモデルのワークショップ

1. 提供主体となる組織を決める

ワークショップを始める段階で、具体的な企業を想定している場合は、その企業を提供主体と考えればよい。とくに想定していない場合は、次のいずれかの方法で決めるとよい。
・提案するサービスに特化した新しい企業の起業を想定
・提案するサービスに関連した既存企業を想定

2. ビジネスモデルキャンバスの枠組みを書く

模造紙やホワイトボードにビジネスモデルキャンバスの構造と項目を大きく書き写す。ビジネスモデルキャンバスは、枠組みの構成や項目の位置についても意味があるため、見本となる枠組みを崩さないよう書くこと。なお、それぞれの項目の定義や意味については、原典を参照して確認しておくことが望ましい。また、検討する際は、ふせんやホワイトボードマーカーなど、試行錯誤がしやすい方法で行うこと。

3. キャンバスの右側（ヒトとモノの視点）を書く

提案するサービスのコンセプトをもとにしながら、まずはキャンバスの右半分を検討する。サービスの体験が視覚化され、コンセプトが明確になっていれば、通常は以下のように置き換えることで、3つの項目を書き始めることができる。
・顧客セグメント（CS）：誰を対象とするか（ペルソナから）
・価値提案（VP）：どんなうれしいことを提供するか（コンセプトメイキングから）
・チャネル（CH）：どうやって提供するか（ストーリーボードから）

この後、顧客との関係性（CR）、収益の流れ（R$）などを検討する。

4. キャンバスの左側（ビジネスの視点）を書く

提案するサービスのコンセプトを実現するために、企業が準備しておかなければならないことを中心に、キャンバスの左半分を検討する。検討する手掛かりがない場合は、ストーリーボードを詳細に読み、企業側があらかじめ準備しておかないといけないこと（設備、製品、情報、従業員など）を分析し、整理するとよい。

5. ビジネスモデルの発表

ビジネスモデルキャンバスが完成したら、提案するサービスがどのようなビジネスとして実現されるかを発表する（図2）。このとき発表する人は、投資家や経営者に対して、新しい魅力的なサービスを提案するつもりで発表するとよい。

[*1] **ビジネスモデルキャンバス：** アレックス・オスターワルダー，イヴ・ピニュール，小山龍介訳，ビジネスモデル・ジェネレーション―ビジネスモデル設計書，翔泳社，2012. において提案された方法。なお、ビジネスモデルとは、「どのように価値を創造し、顧客に届けるかを論理的に記述したもの」と定義される。

[*2] **ビジネスモデルキャンバスの9つの項目：** ① 顧客セグメント（CS）：組織が関わろうとする顧客グループについて設定する。② 価値提案（VP）：特定の顧客セグメントに向けて、価値を生み出す製品とサービスを記述する。③ チャネル（CH）：顧客セグメントとどのようにコミュニケーションし、価値を届けるか記述する。④ 顧客との関係

図1. ビジネスモデルキャンバスの枠組み

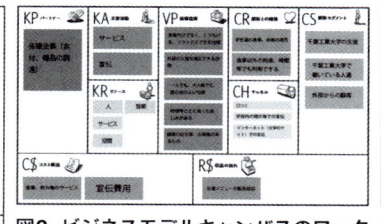

図2. ビジネスモデルキャンバスのワークショップの成果の例

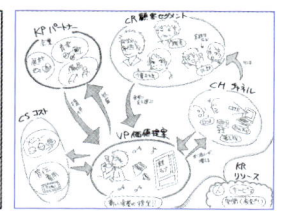

図3. ビジネスモデルの視覚化表現の例

3 ワークショップのコツ

1. 提案するサービスの価値提案を明確にする

ビジネスモデルキャンバスでは、中央に書く価値提案（VP）が、企業から顧客に届けられる本質的な価値として位置づけられている。これまでのプロセスの中で、提案するサービスの価値はある程度明確になっていると思うが、ここでは改めて顧客が得られる価値を吟味してみよう。とくに、既存のサービスと比べて得られる価値など、見落としている重要な価値がないか、検討しておくとよい。

2. パートナー（KP）をうまく使う

新しいサービスを提供するすべての要素を、提供主体となる企業だけで賄う必要はない。既存のサービスや製品をうまく使って実現した方が、効率的かもしれない。パートナー（KP）の項目は、必要なリソースを提供してもらう外部の企業・組織を書く。意外な外部リソースを活用すると、より効率的・効果的に提供価値を実現できるかもしれない。ビジネスモデルのアイデアが、発想しやすい項目だといえる。

3. ビジュアルで表現する

ビジネスモデルは、全体像が把握しにくく、また視覚化しにくい項目が多い。そのため、できるだけビジュアルな表現を心がける。ふせんに書く場合でもキーワードだけでなく、簡単なスケッチを書くとイメージしやすく、理解しやすくなる（図3）。

4. 複数のビジネスモデルを検討する

ビジネスモデルキャンバスも、さまざまなアイデアの中から、よいアイデアを選択する方がよい。ワークショップで複数のビジネスモデルのアイデアが出た場合は、それぞれ別のビジネスモデルとしておくとよい。複数のアイデアについて、ビジネスに詳しい人などに協力してもらい、評価してもらうとよい。

4 ワークショップのふりかえりのポイント

1. 価値提案（VP）、顧客セグメント（CS）、チャネル（CH）などが、ストーリーボードで想定している内容と合っているか。
2. 主要活動（KA）やリソース（KR）は、ストーリーボードで想定したサービスの流れを実現するために必要なものが挙げられているか。
3. 全体として、価値提案（VP）が、企業側から顧客側に確実に伝えるルートが明確に表現できているか。

（CR）：組織が特定の顧客セグメントに対してどのような種類の関係を結ぶかを記述する。⑤ 収益の流れ（R$）：組織が顧客セグメントから生み出す現金の流れを表現する。⑥ リソース（KR）：ビジネスモデルの実行に必要な資産を記述する。⑦ 主要活動（KA）：組織がビジネスモデルを実行するうえで必ず行わなければならない重要な活動を記述する。⑧ パートナー（KP）：ビジネスモデルを構築するサプライヤー（供給業者）やパートナーのネットワークを記述する。⑨ コスト構造（C$）：ビジネスモデルを運営するのにあたって発生するすべてのコストを記述する。

3-14 コンセプトの具体化（モノ）
― ソフトウェアとハードウェアのプロトタイプを作ろう ―

1 コンセプトの具体化（モノ）の目的

これまでヒト・モノ・ビジネスといった3つの視点から、サービスに関する要素の現状分析から始まり、簡易プロトタイプを用いてアイデアを検討してきた。ここでは、提案するサービスにとって必要なハードウェア、あるいはソフトウェアの詳細プロトタイプを試作する。

提案するサービスが物理空間での店舗やイベントなどのサービスであればその模型を、オンラインでの利用を前提としたサービスであればWebサイトやアプリといったソフトウェアのプロトタイプを作成する。またサービスの内容によっては、ハードウェアとソフトウェアの両方のプロトタイプを作成する必要がある。あくまでサービスのコンセプトに基づいて、必要なプロトタイプを作成するのがよい。

2 プロトタイプの作成

1. ソフトウェアのプロトタイプ

図1にソフトウェアのプロトタイプを作成する流れを示す。まずは既存のWebサイトやプロダクトのサイトマップやワイヤフレームの作成からはじまり、デザインの評価やビジネスモデルの検討、インタフェースなど表現に関するデザインの検討を経てプロトタイプを作成する。既存のサイトマップは3-7で作成したものを活用する。

プロトタイプの作成にはどんなツールを使っても構わないが、この段階では最終成果物に近いものを作成し、インタラクションやユーザインタフェースの細かな動きまでを検証するためインタラクティブなものを作成するのが望ましい。そのためには、目的にあったツールを使用すべきである。

プロトタイピングのツールにはそれぞれ特徴があるので、目的に応じて選ぶことが重要である。例えばモバイル向けWebサイトやアプリの場合、POP [*1] という、スクリーンショットの間にリンクを貼ってつなぐだけで、インタラクティブなプロトタイプを作成することができるモバイルアプリを活用することができる（図2）。また、Prototyper [*2] といったツールでは、パワーポイントと同程度の簡単な方法で、画面スクロールや情報入力、画面遷移が可能な、POPで作るよりもリッチなプロトタイプを作成することができる。

2. ハードウェアのプロトタイプ

サービスを提供する物理空間のプロトタイプは、その形態や空間構成がわかるように、図面やコンピュータグラフィックスではなく、立体的なモックアップを作成する（図3）。サービスを提供する物理空間を具体的にイメージできるような詳細モックアップを作成して、空間構成や導線を検証する。サービスを提供するにあたって端末が必要な場合は端末のプロトタイプも作成する。

プロトタイプの材料は、成型が比較的容易なセルコア板やスタイロフォームを利用するのが一般的ではあるが、紙や木材、金属などの素材を使っても構わない。モックアップに精度を求めるのであれば、CADで図面データを作成して3Dプリンタで出力してもよい。

3 プロトタイプ作成のコツとポイント

プロトタイプを作るときは、作る目的をはっきりさせておくことが重要である。詳細プロトタイプは、

[*1] **POP**: WOOMOO社が提供するプロトタイピングツール。iPhone / iPad とAndroid、PCブラウザで利用することができる。ペーパープロトタイプやワイヤフレームを写真に撮って取り込み、リンクをつなぐだけで簡易プロトタイプを作成することができる。
https://popapp.in

[*2] **Prototyper**: Justinmind社が提供するプロトタイピングツール。Mac、Windows向けのアプリケーションとして提供されている。スクロールやインプットなども再現することができ、より実際の操作に近いプロトタイプを作成することができる。機能を制限したフリー版と有料版がある。
http://www.justinmind.com

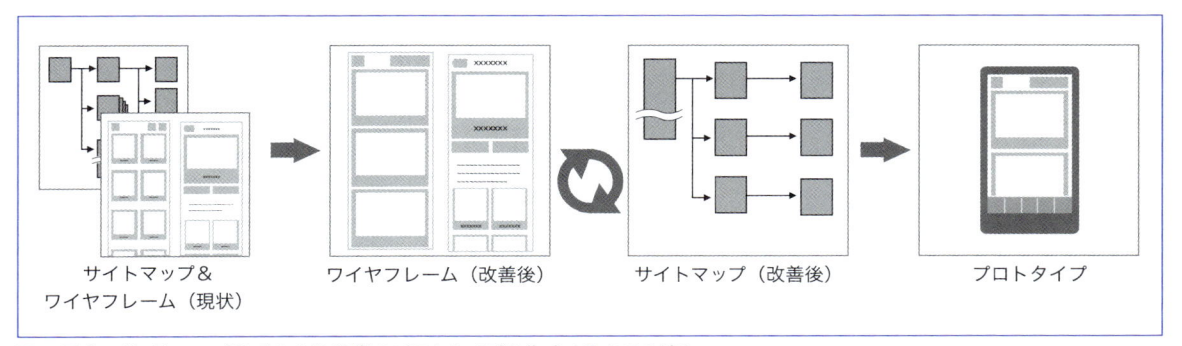

図1. 既存のサイトマップ作成から改善案のプロトタイプを作成するまでの流れ

サイトマップ＆ワイヤフレーム（現状） → ワイヤフレーム（改善後） ⇄ サイトマップ（改善後） → プロトタイプ

図2. ソフトウェアのプロトタイプ

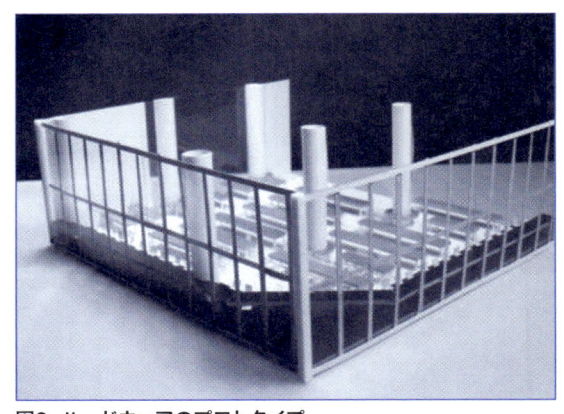

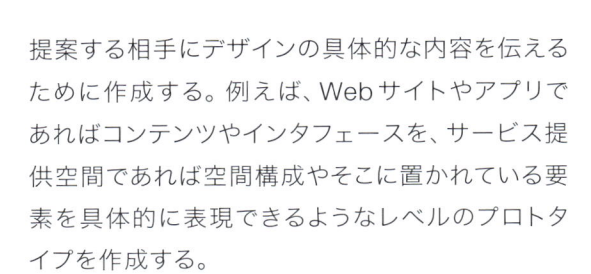

図3. ハードウェアのプロトタイプ

提案する相手にデザインの具体的な内容を伝えるために作成する。例えば、Webサイトやアプリであればコンテンツやインタフェースを、サービス提供空間であれば空間構成やそこに置かれている要素を具体的に表現できるようなレベルのプロトタイプを作成する。

　詳細プロトタイプは最終製品のイメージに近づけるべきだが、すべてが完璧に動作する必要はない。サービスが提供する主な機能やコンテンツが具体化されており、表現できるプロトタイプを作成する。

❹ プロトタイプの検証

　プロトタイプを作成したら、想定しているユーザーに近い人を集めてレビューしてみよう。詳細のプロトタイプができてはじめて見えてくることも多いので、ペーパープロトタイプなどでは気づかなかった課題や問題点に気づくかもしれない。レビューとブラッシュアップを繰り返し、デザインの完成度を上げていこう。

　作成したプロトタイプはソフトウェアとハードウェアの両方を組み合わせて総合的に検証しよう。サービスは空間とハードウェア、ソフトウェアといった複数の構成要素によって成立している。よって、どちらか一方のデザインがよくても、もう一方のデザインがよくなければ優れたサービスとして成立しない。よいサービスをデザインするには、ユーザーの体験に焦点をあてて、それに関わるすべてのプロトタイプを検証することが不可欠である。

3-15 コンセプトの具体化（ビジネス）
―ビジネスのプロトタイプを作ろう―

1 コンセプトの具体化（ビジネス）の目的

ビジネスを新しく起こそうとする場合には、さまざまな観点から検討する必要がある。資金計画や人材計画など、専門的な知識を必要とするものもある。ここでは、提案するサービスのコンセプトを実現するために必要な要素や経営資源（リソース）を、ビジネスの観点から具体的に検討する。

例えば1つのサービスを実現するにも、Webサイト、接客を行うスタッフ、物流システムなど、さまざまな経営資源が必要になる。それらをどう組み合わせて提供するのがよいのかを表現するために用いるのが、サービスブループリント[*1]である。

サービスブループリントは、ユーザーの体験に沿って必要な経営資源やそれらのふるまいを記述したものである。図1は、ストーリーボード[*2]、ビジネスモデルキャンバス[*3]と、サービスブループリントの相互関係を示したものである。これまでの情報を活用しながら、サービスブループリントを検討する。

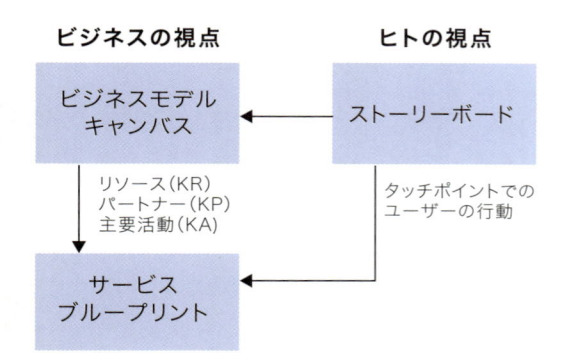

図1. サービスブループリントとこれまでの成果との関係

2 コンセプトの具体化（ビジネス）のワークショップ

1. 枠組みの設定

模造紙やホワイトボードの横軸に時間軸をとり、縦軸に以下の6項目をとる。ただし、必要に応じて項目の追加や変更・省略をしてもよい。

- タッチポイント[*4]
- 顧客の行動
- 顧客と接する従業員の接客・行動
- 顧客と接しない従業員の行動
- サポートするシステムや人員の動き
- 物理的制約

2. タッチポイントとユーザー体験を書く

ストーリーボードをもとに、サービスのタッチポイントとユーザー体験を書く。このとき、ふせんを使うと修正や変更が容易にできるのでよい。

3. タッチポイントごとに必要な経営資源を検討する

タッチポイントを実現するために必要な経営資源を、縦軸に設定した6項目に基づいて順に検討していく。このとき、ストーリーボードやビジネスモデルキャンバスを適宜参照して検討する。

4. 経営資源同士の関係性を線で結ぶ

例えばパートナー企業から原材料を仕入れる場合は、それらの関係が明確になるように線で結ぶ。

5. ウォークスルーによる確認

サービスブループリントが完成したら、必要な資源が計画されているかどうかをユーザー体験に沿って確認する。簡単な模型を作成し、顧客と従業員の人形などを使って動きを確認するとよい。この方法をデスクトップ・ウォークスルーとよぶ（図2）。また、他に実際に人がサービスの流れを演じるアクティングアウト[*5]で確認することもできる。

[*1] **サービスブループリント**：サービスの機能、便益、標準的な流れと許容範囲を明確にするために記述するもの（Shostack,1984）。図のように、ユーザー行動に対して、サービス提供組織が準備するものやそのふるまいを記述したもの。

[*2] **ストーリーボード**：⇨p.72

[*3] **ビジネスモデルキャンバス**：⇨p.74

[*4] **タッチポイント**：⇨p.60

[*5] **アクティングアウト**：⇨p.118

③ ワークショップのコツ

1. 情報システムを含んでいる場合の検討

　サービスブループリントは、主に接客などを伴うサービスを想定して作られた方法である。そのため、情報システムだけで実現するようなサービス（例えば、スマートフォン用アプリケーションなど）の場合は、縦軸に記述するサービスシステムの項目に、当てはまるものがない場合がある。このような場合は、「従業員の接客・行動」を「システムのふるまい」と置き換えて検討するとよい。ユーザーが直接触れるシステムだけでなく、サービスを支えるバックエンドのシステム（例えば、顧客情報や商品情報のデータベースや推薦システムのような特徴あるプログラムなど）を書き分けることで、具体的にどのような情報システムを構想すればよいかが明確になる（図3）。

2. 共通化できるバックエンドの仕組みの検討

　もし、複数のタッチポイントを横断的に共通で提供できるようなバックエンドの仕組みが見つかれば、1つの仕組みとして表現するとよい。効率的に実現できることはビジネスにとって重要な要素である。

図2. デスクトップ・ウォークスルー
サービスブループリントを検討する段階におけるデスクトップ・ウォークスルー。

④ ワークショップのふりかえりのポイント

1. サービスの全域にわたって必要なリソースが挙げられているか。
2. タッチポイントでのサービスを実施するのに必要なバックエンドの仕組みはすべて挙げられているか。
3. 効率化できるバックステージの仕組みは検討されているか。

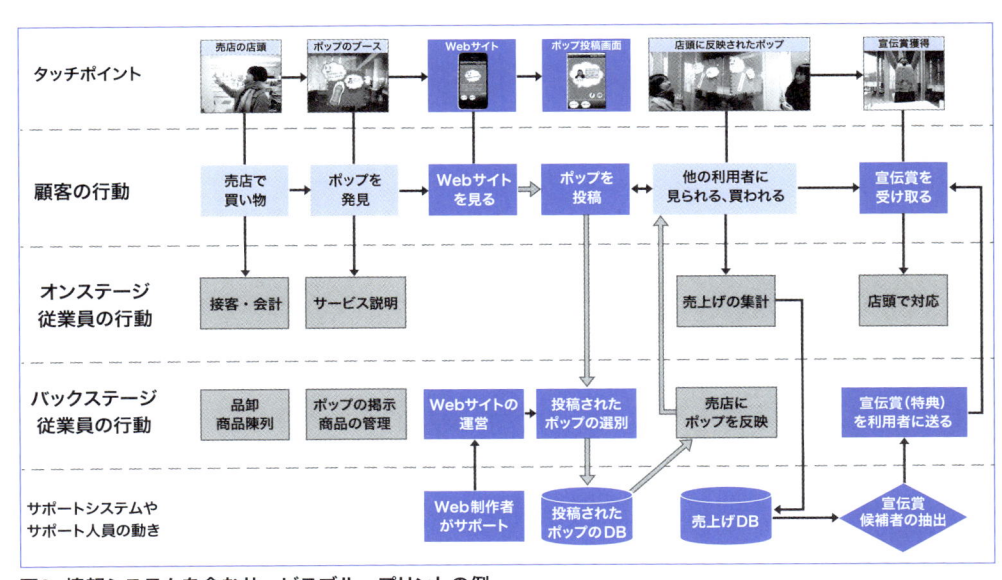

図3. 情報システムを含むサービスブループリントの例
大学の売店に設置する「電子ポップ」サービス。Webやスマートフォンなどをタッチポイントで用いる場合は、サポートシステムの欄に、情報システムとして必要となるデータベースや特徴あるプログラムなどを記載する。

3-16 まとめ
―サービスデザインのコンセプトの提案―

1 サービスデザイン提案をまとめる

サービスデザインはヒト・モノ・ビジネスの3つの分野と時間軸に沿って変化があるのが特徴である。従来の方法ではサービスデザインを提案することが難しい場合が多い。ここでは、提案を伝える方法として、プレゼンテーション資料、パネル、プロトタイプと映像の4つ方法を紹介する。実際に提案する段階では、この4つを効果的に組み合わせて提案する。

2 提案をプレゼンテーション資料で伝える

サービスデザインの提案をプレゼンテーション資料としてまとめる場合は、下記のような資料を基本にパワーポイントなどのプレゼンテーション用ツールを活用する。

1. 提案サマリー
   提案するサービスデザインのタイトル、サービスを一行でまとめた文章とサービスデザインの使用イメージなどを1枚の紙にまとめる。
2. 調査・分析のポイント
   ユーザー調査やモノの調査でどのようなことが得られたのかをまとめる。
3. コンセプト
   デザインの方向性や重点をおいているデザインについてまとめる。
4. イメージ
   提案するサービスデザインがどのようなイメージであるか、シーンスケッチ、モノのスケッチやビジネスモデルのスケッチで視覚化する。
5. 使い方
   サービスをどのように使うのか、時間軸という視点で使い方のステップをまとめる
6. 提案デザイン
   提案するデザイン要素について、プロトタイプ、レンダリング(完成予想図)、インフォグラフィックスなどの視覚化手法を活用してまとめる。

3 提案をパネルで伝える

プレゼンテーション資料で準備した素材を活用して、パネルという形式にまとめる[*1]。サイズはA0やA1など大型サイズのパネルを作ることで、提案内容を明瞭に見やすく提示することができる。パネルには、タイトル、リードコピー、キービジュアルとコンセプトを基本にして、サービスの使い方と提案するデザイン要素をわかりやすく視覚化する(図1)。

4 提案のプロトタイプで伝える

提案する概念が、どのようなデザインであるかを視覚化するために、プロトタイプを活用する。図2に示すように、ヒト・モノ・ビジネスという視点より「ユーザー体験のプロトタイプ」、「サービスに必要なモノのプロトタイプ」、「ビジネスモデルのプロトタイプ」がある。

5 提案を映像で伝える

提案するサービスデザインを、わかりやすく伝えるための方法として映像の活用が効果的である[*2]。映像のよさは、時間軸でのサービスの変化をとらえることができる、サービスに関わる多様な要素(ヒト・モノ・ビジネスなど)を統合化できる、そしてなによりも見る人に向けて魅力的にわかりやすく伝えることができる(図3)。

映像の表現方法としては、実写、グラフィックの撮影、アニメーション、プロトタイプの映像などがある。提案するユーザーシナリオに沿って、これらを素材を編集して30秒から3分程度の映像を作成する。

[*1] **社会に向けた資料の制作:** ⇨p.44
[*2] **ビデオ撮影ワークショップ:** ⇨p.94

図1. 提案パネルの例

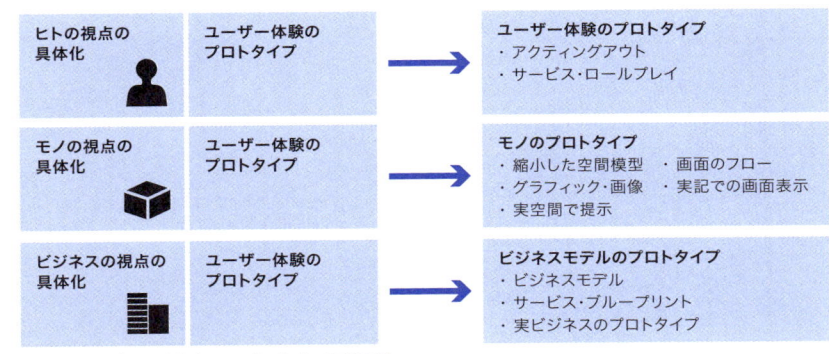

図2. サービスデザインのプロトタイプの例

図3. サービスデザインのためのビデオの例

Chapter

4

情報デザインの
ワークショップの
手法

Method　　　The Workshop of Information Design

※ 節タイトル下の ⓘ は、各ワークショップに要する時間を示す

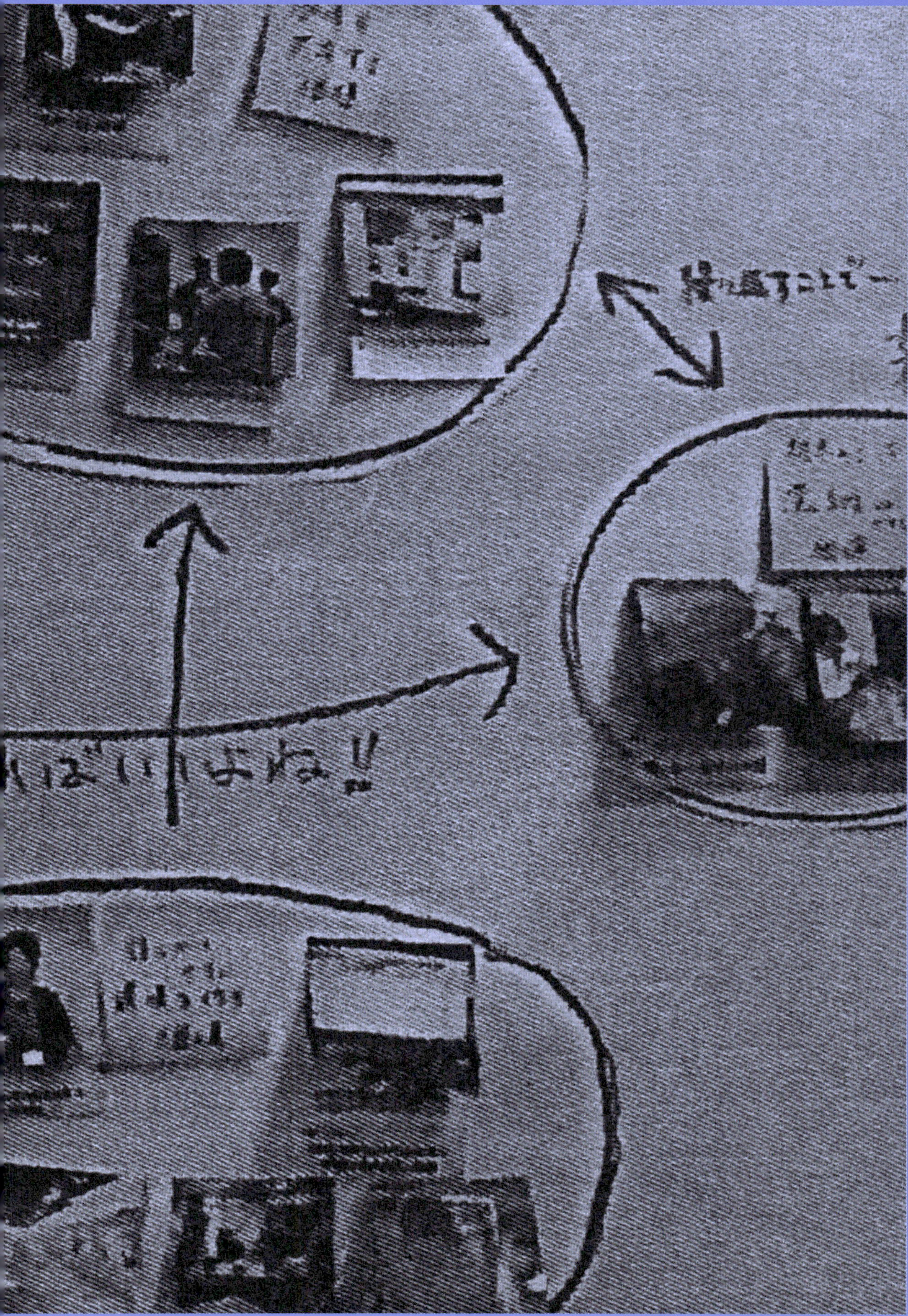
繰り返すことで—
ばいいよね!!

4-1 マシュマロ・チャレンジ
🕐 40分

1 目的

マシュマロ・チャレンジ[*1]とは、スパゲティの乾麺でタワーを組立てて、そのタワーの上にマシュマロを置き、マシュマロの高さを競うワークショップである。ルールは至ってシンプルだが、このワークショップを通じて学べることは多い。

1. チームビルディング

チームビルディングとは、ある特定の課題やゴールを達成するために、チームメンバーで役割を分担し、各メンバーがリーダーシップやメンバーシップを十分に発揮してコミュニケーションを図り、チームの結束やパフォーマンスを高めていくことである。

チームのメンバーがお互い意見を交わし、時にはぶつかりながら解決策を導き出し、タワーという成果物を作っていくことで、チームメンバーの特性を理解することができる。

限られた短い時間内での作業が、メンバー間のコミュニケーションやチームワークを促進する。たとえ、メンバー同士が初対面であっても、お互いが遠慮しているとたちまち時間切れになってしまうので、チーム内で積極的にコミュニケーションを取って、迅速に役割を分担して作業を進めていく必要がある。どのようにタワーを形作るかという計画を考えた後は、部品を切る人や組立てる人、全体を指揮する人など、メンバーがお互いの適性を考えながら作業を行う。

与えられたタスクがシンプルでかつ制限時間が短いので、必然的にお互いがコミュニケーションを取りながら1つの課題を解決することに集中する状況を作ることができる。また、協働して1つのものを作るという作業を通じて、チームの結束力を高めることができる。

2. プロトタイピング

プロトタイピングとは、実際の製品を作る前にその試作品(プロトタイプ)を作り、デザインや性能を検討するためのデザイン手法の1つである。多くのデザインの可能性を検討するために、プロトタイプは多数制作する。そのため、時間と手間をかけて完成品に近いものを作るのではなく、扱いが比較的容易で、短時間、低コストで作る必要がある。

マシュマロ・チャレンジをプロトタイピングの観点からみると、手を動かしながら試行錯誤を繰り返すということがポイントになる。手を動かして実際にタワーを作り、何がうまくいって何がうまく行かなかったのかを体験し、うまくいかなかったところを繰り返し改善することで、高いタワーを組み立て、マシュマロを乗せることができる。

これは余談だが、MBAを取るような頭脳明晰な人で構成されたチームよりも幼稚園児の方が好成績を収めることができるといわれている。これは、机上で仮説を立ててシミュレーションするよりも、子どものようにまずは手を動かして実世界の中で試行錯誤を繰り返す方が、よい結果を収めることができること示唆するたとえ話である。

2 進め方

マシュマロ・チャレンジに必要な材料を以下に記す(図1)。

・スパゲッティの乾麺:20本
・メンディングテープ:90cm分
・たこ糸:1m程度
・はさみ(たこ糸、テープを切るために使用)
・マシュマロ:1個
・ストップウォッチ(時間計測用)
・メジャー(タワーの高さ計測用)

スパゲッティの乾麺の本数が増えたり、メンディン

[*1] **マシュマロ・チャレンジ:** トム・ウージェック:塔を建て、チームを作る
http://www.ted.com/talks/tom_wujec_build_a_tower?language=ja

[*2] **ファシリテーター:** ⇒p.12, 15

図1. マシュマロ・チャレンジの材料

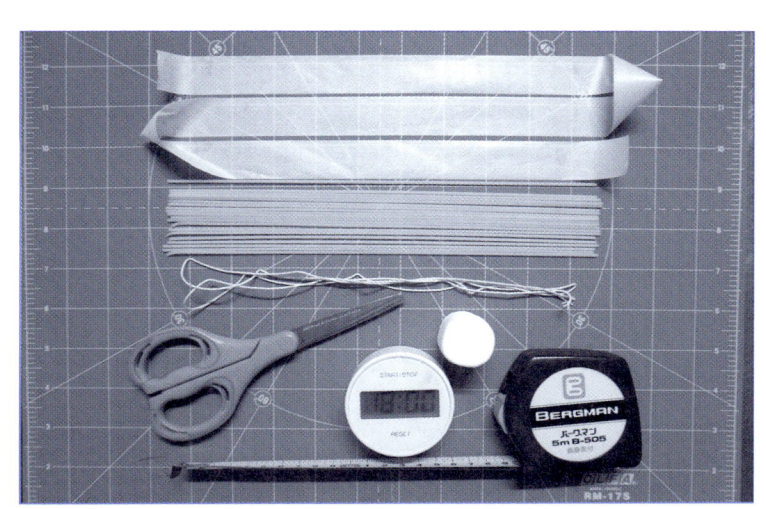

図2. 競技の様子

グテープの長さが長くなると、それだけ高いタワーを立てやすくなるので、麺の本数やテープの長さは厳密に守るようにする。マシュマロが手に入らない場合は、単にタワーの高さを競うルールに変更しても構わない。

1. ルール

上記の材料を使ってできるだけ高いタワーを作り、その上にマシュマロを置き、その高さを競う。制限時間は18分。時間切れの場合は記録なしとなる。

2. グループ分け

1グループあたりの人数が多いと、タワーを作るときに手持ち無沙汰の人がでてしまう。全員が競技に参加できる程度の人数は5人程度が適正である。

3. ワークショップの開始

グループ分けが済んだら、上記材料を配ってワークショップを開始する(図2)。制限時間になると作業を止めるよう指示し、各グループでタワーの上に置かれたマシュマロの高さを計測する。

③ コツ

18分という限られた時間で高いタワーを作るた めには、分析やシミュレーションに時間をかけるのではなく、まずは手を動かしてみて、うまくいかなければ次々と別の方法を試すことが、よい成績を収めるためのコツになる。各チームが効率的に作業できるよう、ファシリテーター [*2] 役の人が手助けしよう。

また、参加者はタワーを組み立てることに夢中になって時間を忘れていることが多いので、ファシリテーターが時間配分に注意を払い、数分ごとに参加者に伝えるようにしよう。いくら高いタワーを組み立てても途中で時間切れになってしまっては意味がない。制限時間以内にタワーが完成するように残り時間を各グループに通知することもファシリテーターの役割である。

④ 評価のポイント

マシュマロの高さが評価のすべてである。

しかし、これは競技ではなくワークショップなので、タワーの形状や仕組みのユニークさ、タワーを作るときのプロセスや役割分担などタワーの高さ以外の観点を評価に組み込んでもよい。

4-2 コンセンサスゲーム
⏱ 1時間

① 目的

コンセンサスゲームとは、ある問題についてグループ内で話し合い、意見を一致させ、全員で回答を導き出すゲームである。ゲームを通して合意（コンセンサス）形成の意味とその重要性を体験して理解するために行われる。一般的に個人で考えた場合よりも、メンバー全員で考えた場合の方がよい成績になり、また議論が活発に行われたグループであるほど成績がよくなることが多い。他者と関わることを避けて物事を1人で決めていると、時として失敗する場合があるということをゲームを通して体験できる。

1時間程度でできるので、研修などのアイスブレイクとして行われることが多い（図1）。また、複数回にわたるワークショップでは、グループワークの意味を知るために初回に行っておくと効果的である。

ゲームの目的は以下の3点である。
1. テーマを議論する過程で、意見の衝突を乗り越えながらメンバーのコンセンサスを取ること。
2. ゲームの結果と経験を通して、「なぜそうなったのか？」をよく解釈し、合意とそのプロセスの重要性を理解すること。
3. 合意に至るまでの議論を通して、よりよいコミュニケーションの取り方について自覚すること。

② 進め方

4〜5名程度のグループに分かれて実施する。まず、与えられたシナリオに対して、個人で回答を考える。次に、グループで話し合いグループの答えを導く。最後に答え合わせを行い、ふりかえりの議論を行う（図2）。

有名な題材として、困難な状況からの問題解決として必要なものの優先順位を決める「宇宙からの帰還[1,2]」（図3）や「砂漠での不時着」、正解のない人間模様から許容の順位を決める「無人島」などが知られている。

③ コツ

ワークショップは基本的にグループワークとして行われる。そのねらいは、決して狭義のコミュニケーション能力を上げるような「仲良くやる」や「うまく空気を読む」ためではない。1つは、他者の視点を取り入れることで、1人では見えなかった問題の本質に気がつく可能性を高めるためである。もう1つはメンバー間でお互いに解決案を吟味し合うことで、複数の視点からより確かな解決案を選択する可能性を高めるためである。さらに、他者と対話するために、頭の中で考えていることを自分の言葉で表現すること（外化）によって、自分自身が何を考えているかが明確になっていくということもある。つまりは、問題発見・問題解決のために、集団の力を利用しながら、個人の限界を越えることを学ぶゲームであるといえる。

他者とともに問題を考えることで、その見方や考え方から学ぶことはたくさんある。ちょっとした一言や行動で、知らず知らずのうちに持っている自分の思い込みを修正することができる。他者と考えをすりあわせることで、納得してもらうためにはどんな伝え方が必要なのかを知ることができる。

また、対話のプロセスを丹念に追っていけば、答えの決まっていない議論において、アイデアの芽はいかにして育つのか、場の雰囲気はどのように形成されるのかといったことや、メンバーで共有している判断基準そのものについてのヒントも見つけることができるだろう。

---

[1]「宇宙からの帰還」問題文：あなたの乗った宇宙船が、月に不時着した。200マイル（320km）離れた、日の当たっている月面上にある母船とランデブーする予定だったが、船は壊れてしまい、残されたものは図3の15品目だけである。船員の生死は、母船に戻れるかどうかにかかっている。そのためには、この状況の中での各品目の重要性を検討しなければならない。あなたは生存するために、優先順位をつけて並べ替えた。その順位をスコア表に記しなさい。

[2]「宇宙からの帰還」についてのNASAの回答はp.129を参照。

気づく	使う	観察する	分析する	発想する	表現する
					運営する

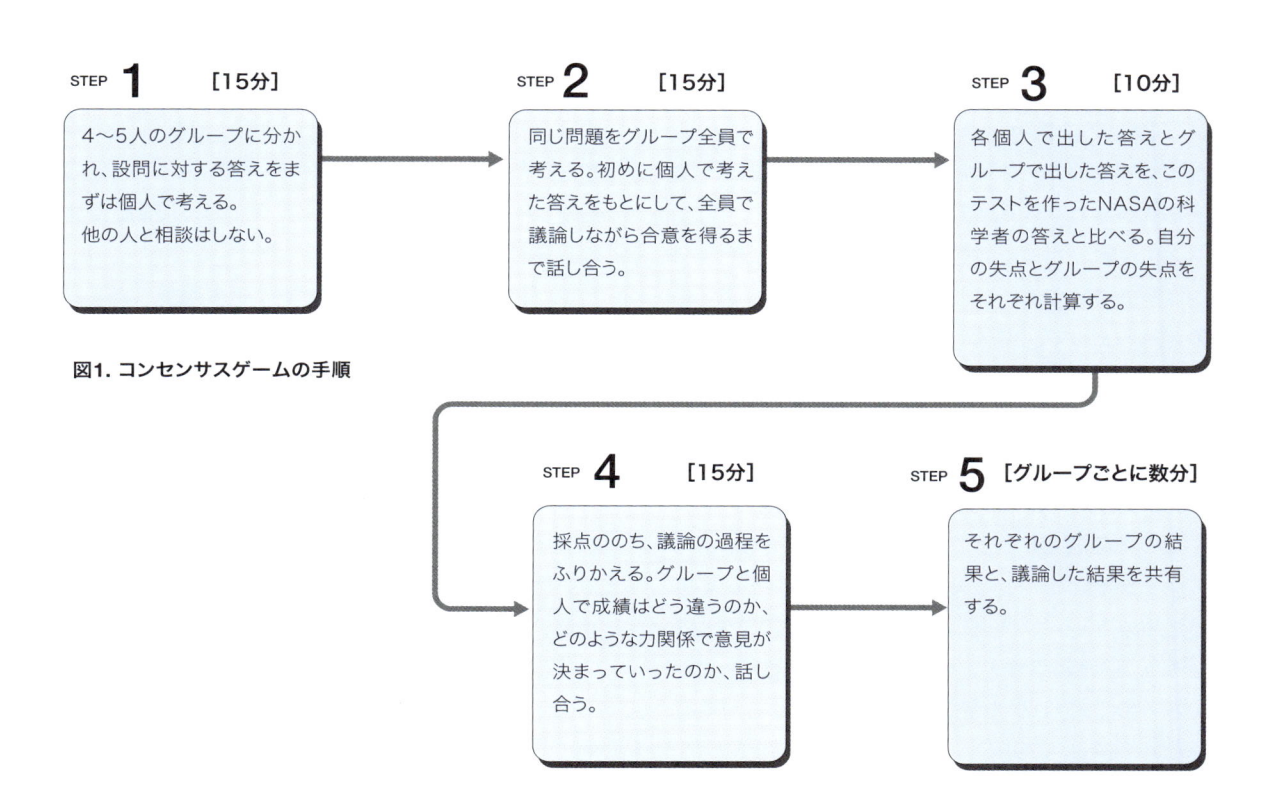

STEP 1 [15分]
4〜5人のグループに分かれ、設問に対する答えをまずは個人で考える。
他の人と相談はしない。

STEP 2 [15分]
同じ問題をグループ全員で考える。初めに個人で考えた答えをもとにして、全員で議論しながら合意を得るまで話し合う。

STEP 3 [10分]
各個人で出した答えとグループで出した答えを、このテストを作ったNASAの科学者の答えと比べる。自分の失点とグループの失点をそれぞれ計算する。

STEP 4 [15分]
採点ののち、議論の過程をふりかえる。グループと個人で成績はどう違うのか、どのような力関係で意見が決まっていったのか、話し合う。

STEP 5 [グループごとに数分]
それぞれのグループの結果と、議論した結果を共有する。

図1. コンセンサスゲームの手順

図2. 議論の様子: 意見が食い違ったときに自分自身、そしてメンバーはどのようにふるまっているかをよく観察してみよう。

品目	NASAによるランキング	あなたのランキング	あなたの失点	グループのランキング	グループの失点
マッチの入った箱					
宇宙食					
ナイロンロープ50m					
パラシュート用絹布					
ポータブル暖房機					
45口径ピストル					
脱水ペットミルク1ケース					
45kg酸素タンク2個					
月の星座用天体地図					
救命いかだ					
磁気羅針盤					
20ℓの水					
シグナル用照明弾					
注射器入り救急箱					
太陽電池のFM受信送信機					
		失点計		失点計	

図3.「宇宙からの帰還」スコア表

4-3 スケッチ・ワークショップ
⏱ 1時間〜1時間30分

① 目的
「スケッチは苦手」というはじめからおよび腰の人が実に多い。ワークショップの参加者に聞いてみるとその3分の1ぐらいが苦手と答える。

スケッチ[*1]は主に2種類に分けることができる。1つは写生のように、モノ、風景、人など、形があるものを対象として、実際に見ながらあるいは想像しながら描くものである。もう1つは、アイデアスケッチのように、形として存在していないモノや関係を作り出すときに、頭の中のぼんやりしたものをなんとかしようと指先からひねり出すものである。

この本の読者にとって有用なのは、写生のようなスケッチではなく、誰かに自分のアイデアを説明するためのコミュニケーションツールとしてのスケッチだろう。通常はスケッチを見せながら言葉でも説明できるので、きれいな完成作品というよりも説明の寄りどころとしての用途として気楽に考えたい。

最も重要なことはうまくスケッチを描き上げることではなく、スケッチによって伝えたい内容である。絵がうまいに越したことはないが、「へのへのもへじ」程度が描ければ問題ない。繰り返すがスケッチの目的はきれいな絵ではなく、どのような視点で、どのようなアイデアを考えたかを伝えることである。

絵のうまい人はたくさんいるが、よいアイデアを出せる人はほんのわずかである。企業の中では全部自分1人でやり切る仕事はとても少ないので、スケッチは下手だがアイデアは豊富な人と、アイデア出しは苦手だけれどもスケッチは得意という人同士が助け合えばよいのである。

このスケッチのワークショップでは、きれいなスケッチの描き方ではなく、人を引きつける視点やアイデアのスケッチが描けるようになることをめざす。

*1 スケッチの基本: 教 p.115
*2 カーテン・ディスカッション: ⇒p.34
*3 コンセプトメイキング: ⇒p.36, 68

② 進め方
ここでは「自分の部屋」というテーマを例に説明する。スケッチには必ず一番のお気に入りと自分の姿を描く。お気に入りはモノだけでなく、部屋自体の構造や特徴でもよい。

1. 毎日過ごしている部屋を頭の中で想像する。お気に入りのモノや部屋が一番よく見え、特徴が理解してもらえる視点はどこかを探りながらコンセプトや構図を決定し、スケッチする[40分]。

道具は下書き用の鉛筆、仕上げ用の水性フェルトペン（1ミリぐらいの太さ）、A3用紙を用意する。

2. 3人ずつのグループに分かれる。スケッチを描いていたときに近くに座っている人は相手のスケッチを見ていたり、友人同士で相手の部屋を訪ねたりしている可能性があるので、同じグループにはならないようにする。初対面の人同士のグループが理想的である。

3. スケッチはグループのメンバーに見えないように伏せておく。

4. カーテン・ディスカッション[*2][20分]を行う。

5. 他人の部屋や表現はみんなの関心事なので、他グループや全員に対して公開する[30分]。

③ コツ
お気に入りのポイントに注目させるための工夫や、見る場所、距離など読者の目を意識したコンセプト作り[*3]が決め手になる。視点は空間のある特定の場所なのか、全体を均等に描くのか、部分に近寄るのか、歪ませるのか、モノあるいは猫や金魚などのペットならどう見えるか、普段と違う視点や角度で考える（図1）。線の太さや濃度で奥行き感も変化する。

④ 評価のポイント
普通に見える風景ではなく、自分の固定観念にとらわれない客観的な見方やアイデアの柔軟性を見る。

気づく	使う	観察する	分析する	発想する	表現する
					運営する

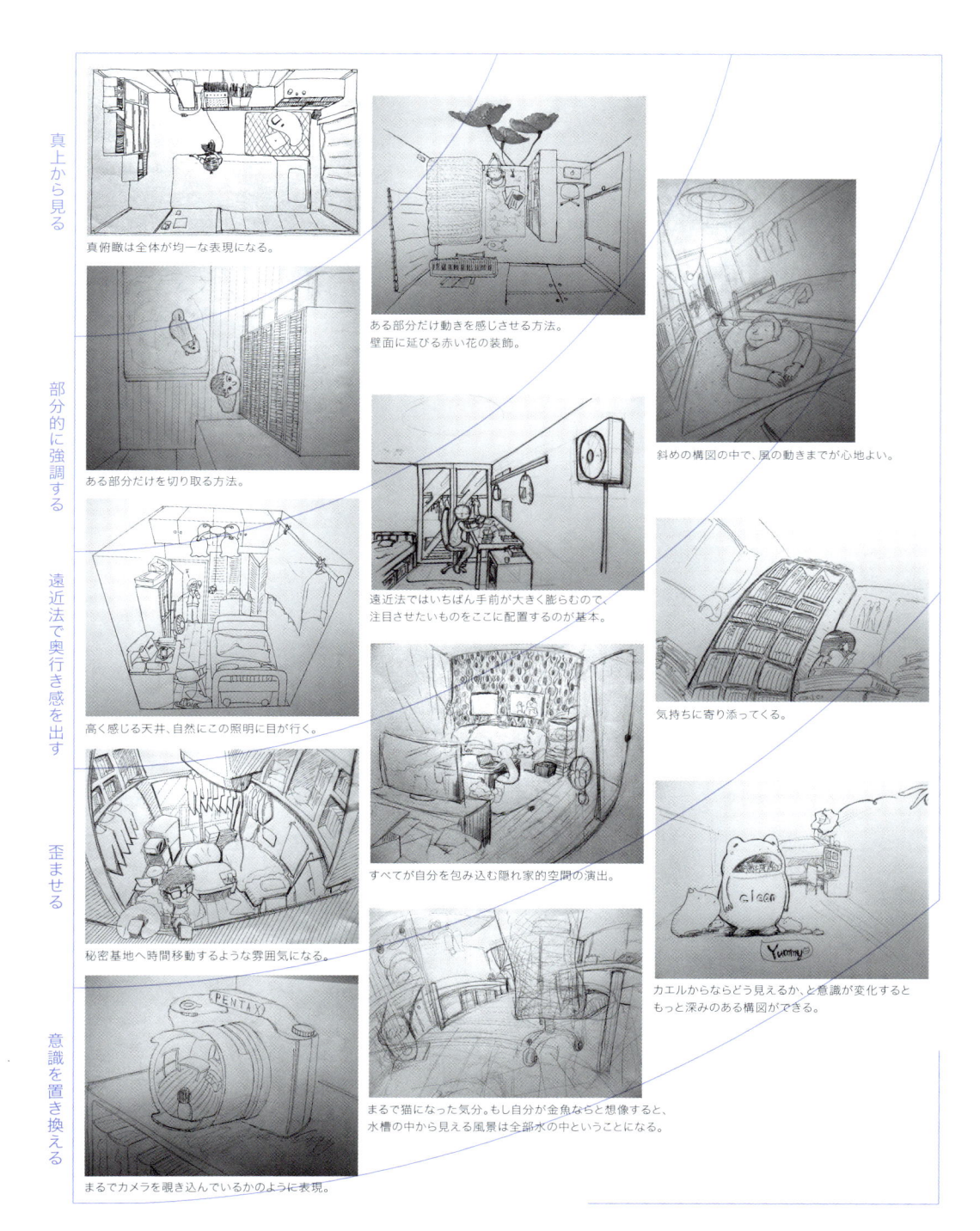

真上から見る

真俯瞰は全体が均一な表現になる。

ある部分だけ動きを感じさせる方法。
壁面に延びる赤い花の装飾。

斜めの構図の中で、風の動きまでが心地よい。

部分的に強調する

ある部分だけを切り取る方法。

遠近法ではいちばん手前が大きく膨らむので、
注目させたいものをここに配置するのが基本。

気持ちに寄り添ってくる。

遠近法で奥行き感を出す

高く感じる天井、自然にこの照明に目が行く。

すべてが自分を包み込む隠れ家的空間の演出。

歪ませる

秘密基地へ時間移動するような雰囲気になる。

カエルからならどう見えるか、と意識が変化すると
もっと深みのある構図ができる。

意識を置き換える

まるでカメラを覗き込んでいるかのように表現。

まるで猫になった気分。もし自分が金魚ならと想像すると、
水槽の中から見える風景は全部水の中ということになる。

図1. スケッチで引きつける視点移動と表現例の分類（すべて学生作品）

4-4 道具の使い方ワークショップ

⏱ 1時間

① 議論に必要な道具を使いこなす

デザインワークショップに欠かせない模造紙、ふせん、マーカー。たかが紙とペンだが、使い方によって活動の場の雰囲気を変えてしまう道具である。

② 模造紙

模造紙はホワイトボードの代わりとして、またグラフィック・ファシリテーションやグラフィック・レコーディングのキャンバスとして用いられる。ワークショップの道具として模造紙は必携といえる。

模造紙にはロールタイプのものとシートタイプのものとがある。会場でスペースの確保が可能であれば、活動の全体像を1枚の絵巻物のように描くことができるロールタイプを効果的に使いたい。シートタイプは並べたり、重ねたりと会場の空間に合わせてある程度柔軟に利用できる。壁に貼る場合には、書きやすさに配慮し、途中ではがれないようにする。事前に会場の壁面を確認し、それに適した掲示方法とそのためのテープ類を用意していくとよい。

これらのほかに「フリップチャート」や「イーゼルパッド」とよばれる、ディスカッションに特化したものもある。ノリ付きで壁に直接貼れるものもあるので、掲示スペースが限られている場合などに有効である。

③ ふせん

ふせんは大きさ、色、粘着力などさまざまで、用途によって使い分けることができる。ワークショップでは75mm×75mmサイズのものが、ちょうど手の中に入り、素早く書き出す情報量に対する面積として適度で、掲示したときの文字などの視認性も確保できるので、機能的である。

ふせんを扱うためのポイントは、ブロックからのはがし方にある（図1）。糊のついている部分を最後にめくるようにしてはがしてしまいがちだが、これでは掲示したときにめくれあがってはがれやすい。糊のついている部分に対して横向きにはがすのがポイントである。

④ ペン（紙専用のマーカー）を使う

手書き文字についてコンプレックスを持つ人も多いようだが、ディスカッションでは大量に文字を書く。ノートやメモのための個人的な記述とは異なり、ワークショップでの記述は基本的に他のメンバーと共有するための言葉の視覚化である。したがって、自分が書ける文字を書くのではなく、板書として機能する文字を意識して書くことが重要である。マーカーの太いペン先を使って、大きく読みやすい文字を書く練習をしておきたい（図2）。

⑤ 道具の使い方を練習するワークショップ

ペンの使い方に慣れながら、壁に貼った模造紙や手元のふせんに、文字や絵を手際よく描く練習をワークショップ形式で行う。

⑥ 進め方

テーマは板書。とはいえ、童心に返って模造紙やふせんに書きなぐるような、エンターテイメント性を重

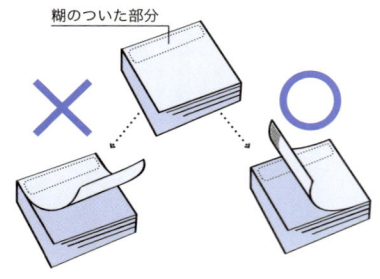

図1. ふせんの使い方
糊のついた部分

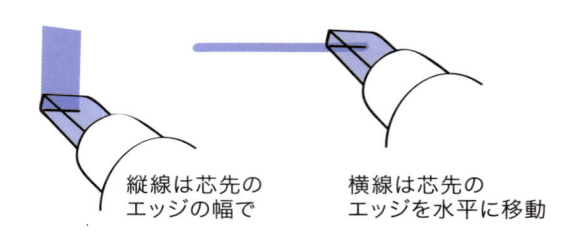

図2. マーカーの使い方（右手で太い線を描く場合）
縦線は芯先のエッジの幅で
横線は芯先のエッジを水平に移動

視した雰囲気を作ってワークショップを進めたい(図3)。
1. 壁に模造紙を貼る

　ワークショップの場作りからはじめる。模造紙は1人1枚ずつ使用するので、参加メンバー分の模造紙を協力して壁に並べる。たわみのないように、また途中ではがれないように貼るのがポイント。

2. 模造紙に線を描く

　マーカーの太い芯の幅の広い方の面のエッジ部を使う。すると、横線は細く、縦線は太くなる。体全体を使ってさまざまな線を大きく描く。マーカーのペン先の向きと筆圧が重要。

　まずは水平線10本。つぎは垂直線10本。さらに、斜線、波線。そのあと円、正方形、正三角形…と図形も描いてみる(図4)。図形については、一筆書き、線ごとの分割描画など、描き方についてもいろいろ試し、描きやすい方法を探る。手先だけで描くのでなく、上半身全体を線の方向に合わせて上下左右に移動させながら描くのがポイント。

3. 面を塗る

　複数の線で囲まれた適当な範囲を、ハッチングという方法で塗りつぶす(図4)。線と線の間隔を変えることで濃淡を表現できる。次は点描を使って同じように行う。点の場合は粗密によって濃淡を表現できる。

　ここまでで一枚の模造紙を使い切る。

4. ふせんに線を描く

　今度はふせんに線を描いてみる。ペン先は太芯の短いエッジ側を使う。ふせんブロックを手に持ったまま、1枚目を使う。模造紙と同様に、横線、縦線、斜線、波線、さまざまな図形を描いてみる。この表現で1枚のふせんを使い切る。一通り書き終わったら、ブロックからふせんをはがし、模造紙に貼る。

5. ふせんに文字を書く

　これもブロックを手に持ったまま、文字を書いていく(図5)。まずは、紙面いっぱいに1文字、自分の名前などを題材に、ひらがな、カタカナ、漢字を書く。書いたら模造紙に貼る。次は2文字×2行書いて模造紙に貼る。さらに3文字×3行、と徐々に細かくしていき、ペンの向きを変えずに書ける文字数を探っていく。はがし方も繰り返し練習をして、体に覚え込ませていく。

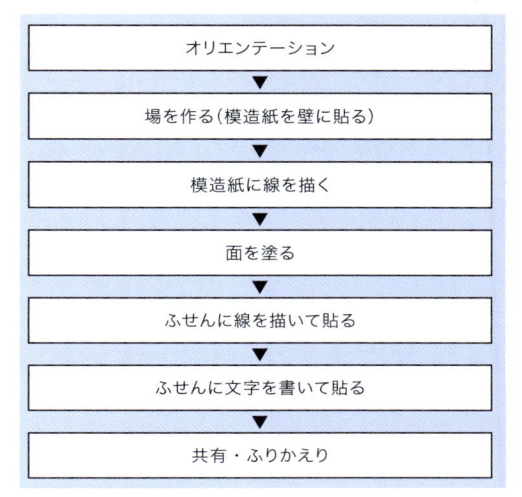

図3. ワークショップの流れ

オリエンテーション
▼
場を作る(模造紙を壁に貼る)
▼
模造紙に線を描く
▼
面を塗る
▼
ふせんに線を描いて貼る
▼
ふせんに文字を書いて貼る
▼
共有・ふりかえり

図4. 模造紙での練習

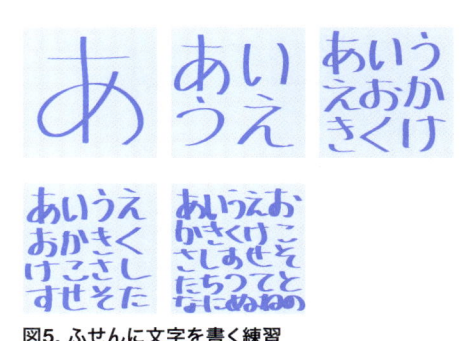

図5. ふせんに文字を書く練習

4-5 写真撮影ワークショップ

⏱ 1日（6〜8時間）

1 目的

フィールドワークから最終的なデザイン成果物のイメージまで、デザインプロセスのほぼ全域にわたって、写真の活用は欠かせないものになっている。しかし、単にシャッターを切ればよいわけではない。何を撮るか、そして撮った写真をどう活用するか、という道具としての写真の利用イメージを持ち、デザインプロセスの中で記録メディアそして表現メディアとして写真を効果的に活用していきたい。

ここでは写真の撮り方について考える、撮影した写真を活用する、という2つの目的を持つワークショップを紹介する。フィールドワークの前に実施して資料として使える写真に対しての意識を高めたり、ドキュメンテーションの方法としてワークショップの前に実施することで記録の方法を共有することができる。以下はフィールドワークを想定したプログラムである。

2 進め方

ワークショップのテーマは「お宝発見 ○○の新たな価値を見つけよう」など、観察や発見を促すものがよい。観察、発見、記録、説明、共有、活用という流れを体験できるプログラムを組立てる（図1）*1。

1. グループ分け（3〜5名程度）
  チームで動くことで、自分たちを撮ることもできる。
2. オリエンテーション
  ワークショップの趣旨と進め方、ゴールなどを説明する。
3. ミニレクチャー
  活動をはじめる前に、以下の点を共有しておく。
  ・1つの対象をさまざまな視点（文脈）でとらえることができる。かたち、来歴、存在理由、状況、周囲との関係、など。
  ・カメラは視界を切り取る道具。写真では対象そのものよりも「撮った結果」を観察することになる。
  ・カメラは固定して対象をしっかり捉える。自分が三脚になったつもりで構える。
  ・撮影の心構え *2-5
4. 撮影練習（グループワーク）
  ワークショップ会場（会議室・教室）やその周辺でミニ撮影会を行う。持ち物（カバンやペンケースなど）を題材に、モノ（対象そのもの）、コト（使っている様子）、場面（ロングショット、フルショットで状況を押さえる）を撮影（図2）する。その後写真を見せ合い、写し方のポイントを確認する。
5. フィールドに出て撮影（グループワーク）
  撮影時にはメモを残す（何を、なぜ、どう撮った？）ように意識する。感想ではなく、体験として手に入れた事実を記録する。事前にワークシートを用意し、記録すべきポイントを共有しておく方法もある（図3）。
6. 写真をプリントアウト
  写真点数を制限（1〜3枚程度／人）してプリントアウト。写真を選ぶという行為を通して、自分の撮影した内容からフィールドワークでの体験をふりかえる。
7. 写真説明シートを作成（個人）
  写真1点につき1枚、説明シート（A4サイズ程度）を作成する。写真のタイトル、撮影情報（日時、場所など）、被写体についての情報（モノ、コト、場面）、写真に関するキーワード（3つ程度、「○○な□□」などのフレーズにしたもの）、撮影時の気づき、シート作成時の気づきなどを書き込む。書き方は自由だが、参加者のスキルによってはワークシート用の書式を用意しておくとよい（図3）。これらを束ねるだけでも価値のある資料となる。

---

*1 ワークショップに必要な道具
ふせん、模造紙、PC、メディアリーダー、プリンタ、プリンタ用紙、A4用紙（写真説明シート用）またはワークシート、紙専用マーカーなど（デジタルカメラや筆記具は個人で用意）。

*2 撮影の心構え①：一期一会
写真での記録には偶然性という要素も含まれる。撮影時には意識しなかったものがあとで写真をよく見ると写っている。気になったらとにかくシャッターを切る、という意識からまずは始めてみよう。

*3 撮影の心構え②：日の丸写真
「日の丸写真」とは、画面中央に被写体を配した写真のこと。資料としての写真は必要なものが写っていることが最優先。逆に、不要なもの（自分の影や被写体と関係ないもの）をフレームからできるだけ外す。

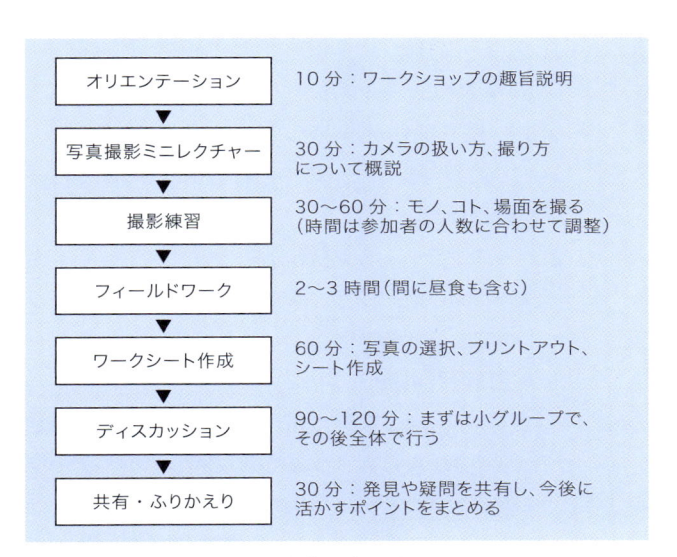

図1. ワークショップの流れと活動のポイント

図2. 活動記録の写真の例（左からモノ、コト、場面）

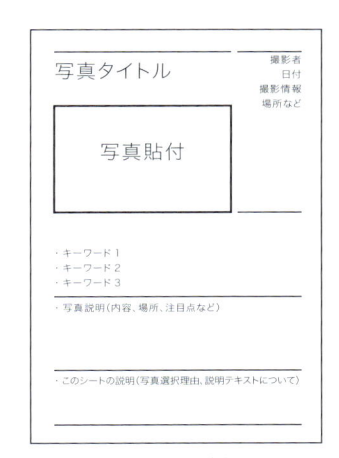

図3. ワークシートの例

8. 撮影内容の共有（グループワーク）
　写真説明シートの内容を発表会形式で共有する。
9. 発表会（全参加者）
　できあがった模造紙作品を掲示し、グループごとにプレゼンテーションを行う。
10. ディスカッション
　この活動の中での気づきを全体で共有し、まとめ、ふりかえりを行う。話題の中で、撮影方法や写真の可能性についても議論しておきたい。

③ オプションとして：構造化

　撮影写真をグループで共有したあと、集まったワークシート間の関係性を見つけて 全体を図にし（写真KJ法[*6]）、最終的には模造紙などを使って作品にする。写真間の関係性についての議論から、メンバーの関心を共有したり、アイデア展開のための方向性を発見したりと、デザインプロセスにおける創造的な活動への導入としても利用できる。

④ コツ

　このワークショップは、写真撮影の専門的なスキルアップが目的ではない。作品としてうまく撮ることよりも、資料やアイデアの素材として使える写真を撮ることが目的である。写真に言葉を添えるプロセスを経ることで、絵と言葉の相乗効果としてイメージを広げるだけでなく、撮影内容やそのときの撮影者の思いを外在化できる。
　フィールドワークをスタジオ撮影に置き替えることで、ライティングやフレームワークの意識を高めるワークショップとして応用することもできる。

[*4] 撮影の心構え③：一歩前へ
被写体にできる限り近づいて撮影することが日の丸写真の基本。ただし近づきすぎると目の前の出来事に影響を与えるので、邪魔をしない、依頼をして協力を得る、などの気配りも必要である。

[*5] 撮影の心構え④：モノ／コト／場面
活動記録の写真では、手元、表情、活動者の位置関係などディテールと全体の情報が必要となる。どこで、誰が、何を、という3段階で記録する。自分が何を撮っているか（心の中で）説明しながら撮ってみよう。

[*6] KJ法： ⇨p.28

4-6 ビデオ撮影ワークショップ

⏱ 3時間

❶ 目的

　製品の提案に限らず、サービスやユーザー体験を短時間でイメージさせる手段として、映像は大きな力となる。短時間で効果的な映像を制作するスキルを身につけることは、デザイナーに限らずプレゼンテーションテーション力の向上につながる。

　映像制作のプロセスはプリプロダクション（企画、設計、シナリオ）、プロダクション（撮影、素材制作）、ポストプロダクション（編集、パッケージ化）の3段階からなる。ここでは撮影に絞って、例を紹介する。

　なお、撮影を始める前に、被写体を映像として捉えるスキルとして、カメラワークを理解したい。カメラワークの技法にはそれぞれ名称がある（図1）。これは、表現の文法のようなものが映像にもあるということである。このワークショップの目的は、コミュニケーション言語としての映像の特徴や可能性をつかむことにある。映像を表現の道具として活用するために、プロトタイプ制作やプレゼンテーション準備の前に、ウォーミングアップとして取り入れると効果的である。

❷ 進め方

　「○○を映像で説明する」というようなテーマを設定することで、撮影すべきコンテンツがなくても、即興で行うことができる。「○○」はその場にある持ち物や人物、什器、空間や建物などでよい。

　道具：ビデオカメラ、三脚*4、照明機器、レフ版
なお、これらを用意できなくても、ビデオ撮影可能なスチルカメラ、電気スタンド、模造紙やスチレンボードなど、日常利用している道具や画材などでも代用できる。

1. グループ分け
　3～4人くらいを1グループとし、撮影者、被写体（モデル）、撮影補助（照明やレフ版の操作）をローテーションで行う。グループの中に写真に詳しいメンバーがいるとよい。
2. オリエンテーション［15分］
　カメラの持ち方、ライティング*5、カメラワークについて確認する。
3. 撮影練習［40分］
　まずはフィックスショットでフレーミングを意識しながら撮影、次はカメラの位置を固定しつつアングルを変えるパンやティルト、さらにカメラを動かしながらドリーやトラックショットの撮影を体験する。
4. シナリオ作成、絵コンテ制作［20分］
　ニュース番組の現場中継などをイメージし、持ち物や人物を紹介する1分程度の映像コンテンツを企画する。練習課題なので、コンテンツの内容よりも表現技法の習得に主眼をおく。カメラワークのカタログを作るような感覚で表現を計画する。表現内容はシナリオと絵コンテにまとめ、撮影の設計図とする。
5. 撮影［60分］
　このワークショップでは編集を行わないので、絵コンテに基づいて、はじめのカットから順番に撮影する。またナレーションや説明も同時録音で行う。まず、リハーサルで内容とカメラワークの確認を行い、次に実際の撮影を行う。ショットごとに内容をチェックしながら撮り進め、すべてのカットを撮り終わった段階で作品としても完成させる。
6. 上映会／共有［30分］
　上映会形式で表現内容を参加者全員で確認し、気づいたことを個別にふせんなどに記述する。

***1 フィックスショット：** カメラワークの基本。カメラの位置、アングルを固定し、フレームの中に出来事をきちんと収めることが重要である。フィックスショットがきちんと押さえられていることで、カメラの動きを用いた表現も生きてくる。

***2 フレームワークで被写体をとらえる：** ロングショット、フルショット、ミドルショット、バストショット、クローズアップなど、フレーム内への被写体の収め方にも名前がついている。これは表現者の意図がフレーミングにも現れるということである。

***3 カメラを動かす意図：** カメラワークには、カメラ位置を固定してその向きを変えていく方法と、カメラ自体を動かす方法がある。カメラの動きは、被写体を追うフォローショットのほか、空間の全体像や複数の被写体の位置関係を示すのにも利用される。

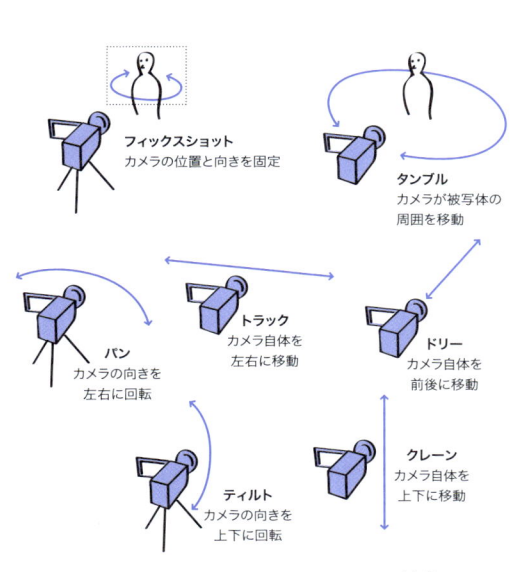

図1. さまざまなカメラワークを試してみよう *1-3

7. ふりかえり［15分］

参加者全員の気づきを、ふせんを貼りながら発表し、全体のふりかえりとまとめを行う。

❸ ポストプロダクションのスキルアップ

映像表現の質を高めるためには、撮影後の編集、サウンドデザイン（音響効果）もおろそかにできない。

1. 編集

編集のポイントは各カットの順序とつなぎ方にある。映像表現はカットのつなぎ方によって意味が作り出される（モンタージュ）。編集の技法については、さまざまな作品や書籍、Web上の情報を参考に実践を繰り返し、スキルを高めたい *6 。

ワークショップの記録やプレゼンテーション用映像などを素材として、1つのコンテンツを1〜2分にまとめる編集の練習を繰り返してみよう。編集のスキルを高めることで、何をどう撮るかという撮影スキルやカットをどう切り出してつなげていくかというプレゼンテーションの構成力を養うことができる。

2. 音響効果

映像は視覚表現だが、その印象は組み合わされる音の影響に大きく左右される。ナレーション、BGM、効果音についてもその活用の練習をしておきたい。とくにBGMは不用意に市販の楽曲を用いず、公開に備えてオリジナルの音楽を用意しておく。

編集と音響効果については、作業的な活動の比重が高いためワークショップ形式での制作にはあまり適さないが、制作途中で関係者に見せて反応を見るなど、協同作業として質を高めていくための工夫は積極的に取り入れたい。

❹ 映像表現の活用

映像表現のワークショップは、プロトタイプの動作確認やプレゼンテーション用の映像制作に応用できる。例えば以下のような目的で、映像表現を活用してみて欲しい。

・製品のイメージや動作を映像で説明する。
・ストーリーテリングに映像を用い、動きでコンセプトや機能を伝える。
・アクティングアウトをビデオ撮影し、映像化する。
・ツールやサービスの「ふるまい」を映像で共有する。
・活動の記録や報告資料として映像を用いる。

これらを課題としたワークショップも考えられる。時間配分としては1分〜数分の映像コンテンツでも、撮影素材の準備に数日、撮影に1日、編集に1日、ブラッシュアップに1日程度の制作時間が必要である。

＊4 三脚の活用： 映像では画面の中の動きを印象づけるために、カメラ自体は不用意に動かないことが重要である。フィックスショットではできるだけ三脚を使い、カメラを移動させる場合も振動や手ぶれを極力避けるよう工夫する。

＊5 ライティング： 撮影において、環境やカメラアングルによっては光の向きや強さをコントロールすることも必要になる。照明の追加や、トレーシングペーパーなどを用いた光の加減、レフ版による光の反射や回り込みの活用など、臨機応変に対応する。

＊6 映像編集のコツ： 撮影素材を、最初からきちんと計画的に編集するのは難しい。まずはスケッチや塑像のように、大まかな形から徐々にディテールを詰めていく。時間がかかる作業なので、撮影時点である程度使用するカットの当たりをつけておく。

4-7 インタビュー・ワークショップ

⏱ 2時間

1 目 的

インタビューは、ユーザーに直接会って質問を繰り返し行い、その回答ややりとりからユーザーのより詳細な考えや思い、さらには本質的な要求を引き出すことを目的としている。また、ユーザーが置かれている状況なども聞き出すこともできる。インタビューは、被験者の手配、インタビュー場所の確保、長時間にわたるインタビュー、インタビュー結果の分析などに手間がかかるが、アンケートなどと比較して、より本質的な調査ができることが特徴である。

ここでは、代表的なインタビュー法である「半構造化インタビュー」と「エスノグラフィックインタビュー」について解説する。

1. 半構造化インタビュー

半構造化インタビューとは、あらかじめおおまかな質問項目を準備し、相手の答え方次第によって、さらに詳しく尋ねていくインタビュー手法である。

事前にインタビューシナリオを準備しておき、基本的にはそのシナリオに沿って行うが、会話の流れに応じて自由に話題を変えてインタビューを進めていく。回答者の主観的な思考や問題意識を聞くことができる。

2. エスノグラフィックインタビュー

エスノグラフィックインタビューは、質問者が現地に赴き回答者の行動を直接観察しながらインタビューをする手法である。ここでの質問のやり方は、コンテクスチュアルインクワイアリー（文脈質問法）などともよばれる。これは、対象となる製品やサービスを回答者に操作してもらいながら、あたかも回答者が師匠、質問者が弟子であるかのような関係を築き、教えを請うようにしてインタビューを行う。例えば、回答者の自宅でテレビとビデオの普段の使い方を観察しながらより詳しく教えてもらうように質問する。

3. インタビューのポイント

・調査の準備をするときに「インタビューシナリオ」を作る（図1）。シナリオは、インタビューをどのような手順で進めるか、わかりやすいガイドのようなものにする。インタビューの目的、手順、質問項目、ポイントなど必要な事項を箇条書きで記しておく。

・インタビューのはじめに、信頼関係を作る。

・恣意的な質問はしない。

・抽象的な質問から具体的な質問に移る。いきなり具体的な質問をすると、恣意的になる。

・インタビューの目的は、Yes / Noを得るのではなく、本質を探ること（心の声とはなにか？）である。1つの質問に対して、3段階で聞いて本質を探る。

・自分の意見をいわない。ある意味で、とぼけて、相手に聞く。

・回答者が答えに詰まったら、少し間をあけて例をいくつかいうなど助け舟を出す。

・最後に回答者の本音が聞けることがあるので、聞き逃さないようにする。

```
インタビューのシナリオ：写真撮影に関する利用状況の調査
インタビューの目的
対象者が日常生活で撮影している写真と撮影に使った製品について確認する
対象者が写真を使ってどのようなコミュニケーションを取っているのか調べる
写真を撮影している利用状況や本音の現状を調べ、新しい写真サービスのヒントを得る
イントロダクション・アイスブレイク（5分）
・インタビューの趣旨説明
・個人情報の取り扱いに関する確認
・写真に関する雑談
トピック1：写真撮影について（5分）
・普段利用しているカメラ、または写真が撮れるデバイスについて聞く
  ・デバイスの機種
  ・現在利用している機器の使用経験年数
トピック2：写真を撮影する機会について（30～40分）
・最近、写真を撮影した時のことを思い出して話してもらう
  ・撮影した対象
  ・撮影した時の状況
  ・（スマートフォンの場合）撮影に使ったアプリ
  ・撮影枚数
  ・撮影した後の保管方法
  ・誰かに見せたか？
  ・SNSなどのオンラインで共有したか？
・続いて他の写真を撮影する機会がないかインタビューする
インタビューのポイント
・利用状況に関する情報をできるだけ詳しく聞く
・実際に撮影した写真を見せてもらう
トピック3：写真に対する本音（20分程度）
・対象者が写真に対して感じている本音を、以下のポイントに沿ってインタビューする
  ・写真を撮って嬉しかったこと
  ・写真撮影に関する成功、失敗談
  ・その他、具体的なストーリー
```

図1. インタビューシナリオの例

2 半構造化インタビューのワークショップ

半構造化インタビューのワークショップでは、2

人1組になり携帯電話をテーマに実際に半構造化インタビューを実施する。
ステップ1：イントロダクション
信頼関係を得るために答えやすい質問をする。
ステップ2：半構造化インタビュー
次の2つの質問をする。回答した内容に関して心の声を探るために、1つの質問に対して3段階で聞いて本質を探る。回答の内容はふせんに書き出す。
・質問1「携帯電話を使っていて、うれしいと思うときはどのようなときですか？」
・質問2「現在使っている携帯電話について、どう思いますか？」
ステップ3：インタビューの分析
回答の内容をKJ法により分類して整理する。

③ エスノグラフィックインタビューのワークショップ

エスノグラフィックインタビューのワークショップでは、2人1組になり携帯電話をテーマに、実際に操作をしてもらいインタビューを実施する。
ステップ1：イントロダクション
信頼関係を得るために答えやすい質問をする。
ステップ2：インタビュー
質問者は弟子のようになって質問をして、相手に携帯電話を実際に操作してもらいながら、質問に答えてもらう。ここでは、次の2つの質問をする。
・質問1「普段どのように携帯電話を使っていますか？　操作をしながら教えてくれますか？」
・質問2「普段どのように携帯電話のカメラ機能を使っていますか？　操作しながら教えてくれますか？」
ステップ3：インタビューの分析
回答の内容を時間軸に沿ってふせんを貼って分析する。

④ コツ
1. より具体的な状況を詳しく聞く方法（ラダーダウン）を活用して、本質に迫る。例えば、具体的にどの製品のデザインが好きですか？　その製品のどの部分が好きですか？
2. より概念的なことを聞く方法（ラダーアップ）を活用して本質に迫る。例えば、なぜ好きですか？　どうして好きになりましたか？
3. 回答者に深く共感することにより、回答者との信頼関係が築かれ、本音を語ってくれる。
4. インタビューのはじめに、信頼感を得るために「答えやすい質問」をするなど雑談をする。例えば、「今日はどのような交通機関を利用して来ましたか？」「今日の天気は雨が降っていましたが、大丈夫でしたか？」（図2）。
5. 回答の内容は個別のふせんに書かれた状態なので、大きな紙に貼って一覧できるようにする（図3）。そこから回答内容に応じて整理し分類を行う。

図2. インタビューのワークショップ例

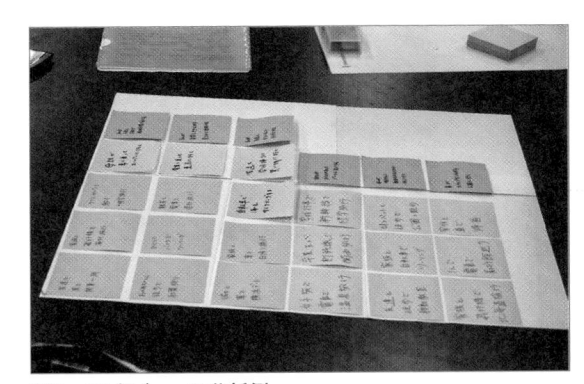

図3. インタビューの分析例

4-8 参加型フィールドワーク・ワークショップ
🕒 1日（6〜8時間）

① 目的
　参加型デザインという言葉がある。もともとはスカンジナビアの国々で1960年代より行われ始めた労働者や市民による組織や社会システムの設計への参加である。

　1990年代から米国などでデザイナー、エンジニア、利用者、顧客、サービス提供者、行政など背景や専門性の異なる利害関係者を、それぞれの立場から調査や設計のプロセスに参加させるデザインアプローチとして、ITシステムの使い勝手のデザインなどに応用されてきた。現在では各国でサービスや都市デザインなどの分野でも盛んに応用されている。

② 進め方
　ここでのテーマはある都市の近距離通勤・通学者サービスとしてのレンタルサイクルシステムをフィールドワークを通じて観察・分析を行い、改善案のヒントを提案することとする。

1. 参加者は、デザイナー、一般市民、観光客、サービス提供者、行政関係者などで構成する。
2. サービスを利用するユーザーと利用シーンを特定する。
3. あらかじめ決められたアクティビティシナリオ*1 に基づいてユーザー役はサービスを利用する。その間は思考発話*2 を行い、考えていることを声に出す。
4. 観察者は、ユーザー役についてまわり行動と発話を記録する。変わった行動をしたときのみ、その行為が落ち着いたところで行為の背景をインタビューする。
5. フィールドワーク終了後、会場に戻り利用シーンにおけるタッチポイント*3 を整理する。
6. タッチポイントとそこでとった行動と思ったことをふせんに書き出し、模造紙に貼る。この時点ではユーザー役に質問をするのは構わない。
7. ユーザー役にタッチポイントごとの感情を定量化してもらい、感情曲線としてグラフ化する。
8. エクスペリエンスマップ*4 ができたら、問題点をブレインストーミングで列挙する。
9. ブレインストーミングの結果から、改善案のヒントをプレゼンテーションする。
10. プレゼンテーションには、ラフでよいからペーパープロトタイプ*5 やアクティングアウト*6 を使って利用シーンを再現して、聞き手の理解を深める。

③ 観察と分析の流れ
1. 自転車を借りる（図1）。
　サービスとの出会いになる。なぜここにたどり着いたかも重要な観察点である。
2. レンタルの手続きを行う（図2）。
　このようなサービスは意外と初めて利用する人が多く、メンタルモデル*7 を持たないユーザーの利用シーンなので、じっくりと観察しよう。場合によっては、最初に初心者に使ってもらい、次にサービス提供者に模範操作をしてもらったあとに、お互いが操作に要した時間を比較するのもよい。
3. サイクリングに出発する（図3）。
　駐輪場から出庫しても、サドルの高さ合わせや、タイヤの空気圧の調整などユーザー個人で行う操作は多い。システムのユーザインタフェースや自転車の整備状況など観察することは多いが、サイクリングそのものが持つユーザー体験にも目を向けよう。サービスの不具合があったとしても、それを補って

---

*1 アクティビティシナリオ：⇨p.70
*2 思考発話：⇨p.72
*3 タッチポイント：⇨p.60
*4 エクスペリエンスマップ：⇨p.60
*5 ペーパープロトタイプ：⇨p.70
*6 アクティングアウト：⇨p.118
*7 メンタルモデル：人間が対象物に対してどのように思考するのかというプロセスを表現したもの。参考文献として、インディ・ヤング，田村大監訳，メンタルモデル，丸善出版，2014. がある。

図1. 自転車を借りる

図2. レンタルの手続きや使用料の入金

図3. サイクリングに出発

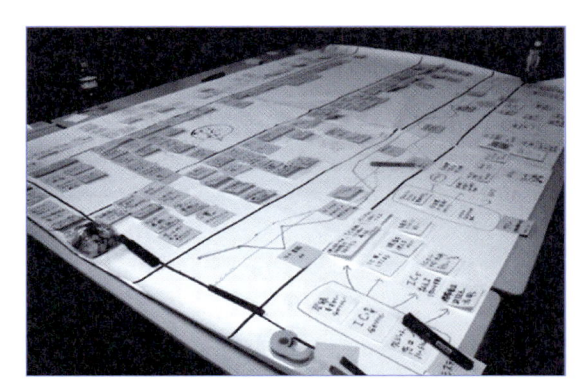

図4. 調査結果の分析

余りあるユーザー体験があるはずである。

4. 調査結果を分析する(図4)。

　エクスペリエンスマップを使って、現状把握と分析を行う。ポイントは、ユーザーがサービスと出会う多くのタッチポイントを見つけて、ユーザーの満足と苦痛を把握し、改善案のヒントを探ることである。

④ コツ

1. 対象ユーザー役としては、できるだけ実際のユーザーを準備する。
2. ユーザーの利用シーンと目的を明確にしておく。行き当たりばったりで行わない。
3. ユーザー役の行動中は、観察者はあまり話しかけたりアドバイスは行わない。
4. エクスペリエンスマップでは、行動と心理的な苦痛は意外と相関しないことがある。
5. 改善案のヒントは、ユーザー全員の感情曲線が下がるタッチポイントに着目することによって得ることができる。

⑤ 評価のポイント

1. 参加者のリクルートに尽きる。できるだけバランスよくステークホルダーを集める。
2. 参加者全員で観察結果と分析、改善案のヒントを共有する。
3. 得てしてサービス提供者は観察結果に目をつぶりたくなるものであるが、そこは参加者全員での合意形成により問題と向き合うことが重要となる。

4-9 オブザベーション・ワークショップ

⏱ 半日（4〜5時間）

1 目的

ワークショップでよく使われる「ブートキャンプ」という言葉がある。元は軍隊の「新兵訓練」という言葉に由来し、現在では「新人教育」「導入教育」といった意味合いで使われるようになった。

また、教育の世界で「ミドルスタート」という概念がある。例えば野球を習う場合に「野球の基礎は足腰だ！」といってうさぎ跳びから始めたら、野球が嫌いになってしまう。それに対して「まず下手でもいいから楽しく試合をやってみよう」と野球というものの全体像を理解してもらう。そして、その後に「もう少しこういう風に投げるといいよ」「バットはこう振ると球が飛ぶ」といった基礎を教える。最初はミドル（中盤）から教えて概念を理解してもらってから基礎に戻る方が、学習効果が高いという考え方である。

ここではサービスデザインの概念を理解してもらうためのブートキャンプとして「カップ焼きそばのオブザベーション」について学んでみよう。

図1. カップ焼きそばを食べる

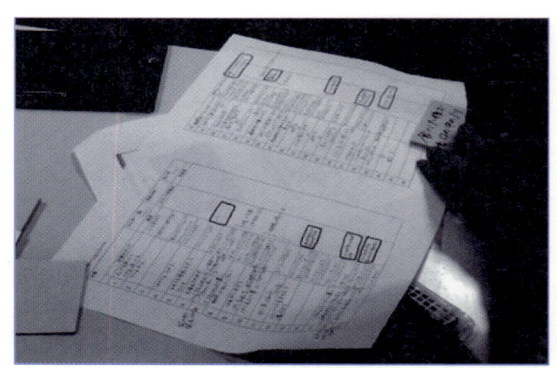

図2. オブザベーションシートに清書

2 進め方

課題は用意したカップ焼きそばのパッケージ（インタラクション）を、観察を通じて改善することである。

1. ユーザー像を決めて、それに近い被験者を3名選ぶ。観察側では進行役を1名選ぶ。
2. 被験者にカップ焼きそばの包装を開けて、作って、食べて、容器を捨てるまでを実演してもらう。被験者は、考えていることを声に出す思考発話を行う。
3. 食べている被験者をまわりから観察し、行動と発話を記録する。タブレット端末を使うと、後から見直すのに便利である（図1）。観察中は被験者に対して質問やアドバイスは一切行わない。
4. 被験者に食べ終わったあとの容器を捨てた時点で「終わりました」といってもらい、そこから感じたことやプロフィールなどのインタビューを進行役が行う。他の観察者は、質問はせずにそれを記録する。
5. 3名の被験者が終了した時点で、行動記録と発話記録を被験者1名ごとにオブザベーションシートに清書する（計3枚、図2）。シートは、作業ステップ・発話・さまざまな事象に分かれている（図3）。
6. 清書したオブザベーションシートをもとにさまざまな事象をふせんに書き出し、壁に貼る。
7. カードソートを行い、被験者が迷ったりマニュアルとは違った使い方をした箇所などを洗い出す。気になること、変わった行動などを時系列に書き出して分析する（図4）。
8. 被験者のプロフィールや、なぜカップ焼きそばを食べるのかという目的などをまとめて「仮説ペルソナ」を作成する。補うことがあれば、被験者に直接聞いてもよい。
9. 仮説ペルソナとカードソートの結果から、パッケー

図3. オブザベーションシート

図4. カードソート

図5. 利用シーンを描き出す

ジ(インタラクション)の改善のアイデアを考える。
10. 抽出された改善案から、その利用シーンを4コママンガやストーリーボードで描く(図5)。
11. 最後に仮説ペルソナ、カードソート、利用シーンなどを使い、プレゼンテーションする。

③ 観察と分析の流れ
1. 被験者を同じセグメントにする。
2. 観察中、観察者は被験者に質問などせず、自然な行動を取るように仕向ける。
3. 観察は徹底的に客観的事実だけを集めることに専念する。
4. 観察結果を集めてから初めて分析を行い、改善案を導き出す。
5. 観察後のインタビューは進行役1人に任せ、観察者おのおのからの雑談形式の質問は控えること。
6. カードソートは時系列に並べた方が分析しやすい。また将来的にエクスペリエンスマップの導入にも生かすことができる。
7. 完成予想図ではなく、4コママンガやストーリーボードでインタラクションを描くことによって、ユーザーの体験を考えることができる。また、それを自分で演じればアクティングアウトになる。

④ 評価のポイント
1. ユーザー役は、普段と変わらず自然のままに食べて思考発話しているか。意図的に説明していないか。
2. 観察者は、観察中に問題点や改善案を考えていないか。徹底的に客観的事実のみを見ることに専念できているか。

⑤ まとめ
　オブザベーション・ワークショップの対象はさまざまなものを使うことができる。例えばインクルーシブデザインでよく使われるものにガーゼ付きの絆創膏を使った観察ワークショップがある。また、ゼリーや納豆を食べる、雑巾をかけるといったことを観察するワークショップもある。

4-10 カードソーティング・ワークショップ

⏱ 3時間

❶ 目的

カードソーティングとは、大量の情報を分類したり、分類した情報を構造化するための手法である。例えばWebサイトのメニューの構造を検討したいときや、多数の商品やコンテンツをカテゴリ分けして整理するときに有効である。カードソーティングには2種類あり、あらかじめ用意したカテゴリに項目を分類していくクローズドカードソートと、項目を分類した後にカテゴリ名を付けるオープンカードソートがある。

情報を分類することは簡単にみえて難しい。例えば、アプリケーションの読み上げ機能は編集と表示のどちらのメニューカテゴリに分類されるのか？ 情報デザインに関する本は情報学とデザインのどちらのジャンルに分類されるのか？ など、判断に悩む、あるいは人によって意見が分かれるような状況がしばしば起こりうる。また分類する評価軸や他のアイテムの内容によってカテゴリの名前や分類の結果は異なる。

例えば、情報デザインの本が他のデザインの本と一緒にデザインのカテゴリに分けられる場合もあれば、他の情報デザイン本と一緒に情報デザインのカテゴリに入る場合もある。また出版社や価格などの評価軸で区切ると、カテゴリ分けした結果は大きく異なるだろう。

一般的に、カードソーティングは10〜20人の被験者がそれぞれの個人作業によって行ったカードソーティングの結果を集計して結果を導き出す。ここでは、複数人がグループワークで1つの結果を作成するワークショップ形式のカードソーティングを紹介する。

❷ 進め方

ここではオープンカードソートによるワークショップを紹介する。オープンカードソートは情報構造を生成するために用いる手法で、カテゴリ分けするための評価軸やカテゴリ間の構造も考えて情報を分類することができ、情報構造を考える訓練に向いている。ステップは主に3つあり、項目をカードに書き出した後、それらを何らかの基準によって分類し、各グループにラベルを付ける、という順番で作業を進めていく（図1）。

今回は居酒屋のメニューをテーマにカードソーティングを行う。たくさんある居酒屋のメニューをいくつかのジャンルに分類し、メニュー表を作成するまでの手順を紹介する。

1. 項目の洗い出し

まずは居酒屋のメニューをカードに書き出すところから始める。メニューはよくある定番メニューから、ちょっと変わったメニューまで幅広く用意する。メニューの数に決まりはないが、30〜50個ぐらいは用意しておくとよいだろう（図2）。

2. 項目の分類

次に似たようなメニューをまとめて、グループ分けを行う。グループ分けの基準は各自で考える。グループ分けの評価基準を考えることもカードソーティングの重要な要素である。

3. グループにラベルを付ける

グループ分けが終わったら、各グループに名前を付ける。このとき、各グループに含まれている項目に相応しい名前を付けるだけでなく、わかりやすい名前を付けるようにする。カテゴリの名前をみて、その中身が大体想像できるとよい（図3）。

❸ コツ

1. わざと変わった項目を入れる

用意した項目がすべて同じような項目だと簡単に分類できてしまう。しかし実際の料理のメニュー、あるいはWeb上のコンテンツには例外的なものが含まれていることも多い。そこで、最初に準備する項目にわざと変わり種を入れておき、その変わり種の項目を含めて分類する方法を考えるようにする。

気づく　　　　使う　　　　観察する　　　分析する　　　発想する　　　表現する
　　　　　　　　　　　　　　　　　　　　　　　　　　　　　　　　運営する

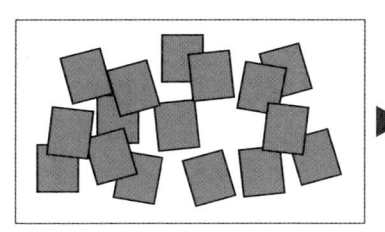

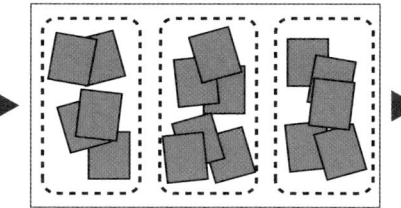

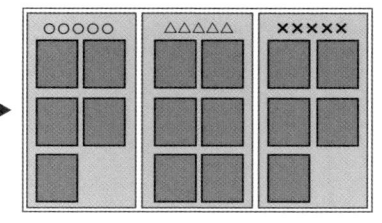

図1. ワークショップの流れ

項目をカードに書き出す　　　カードを分類する　　　各グループにラベルを付ける

図2. 項目の洗い出し

2. 評価軸やラベルづけに注意を払う

　とくにオープンカードソートの場合、情報を分類する基準を考えることが非常に重要になる。基準が変われば分類の結果も変わってくる。居酒屋メニューの場合を例に挙げると、素材の名前や料理のジャンルで分けようとするだけでなく、変わり種のメニューも含めてうまく分類するために、値段や季節、産地などいろんな評価軸を考えよう。

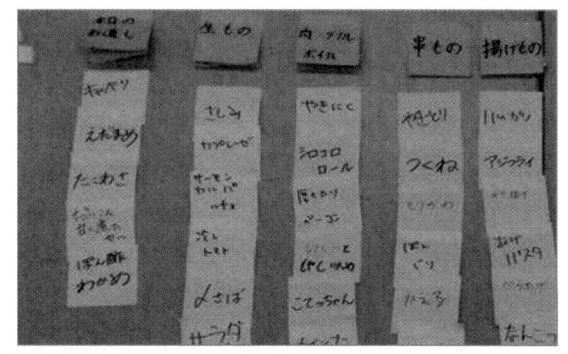

図3. グループに対するラベルづけ

❹ 評価のポイント

1. カテゴリのわかりやすさ

　カテゴリの分け方やラベルの名前がわかりやすいことが重要である。ラベルを見て中身が想像できるような分類になっているかどうかを評価しよう。

2. 分類のバランス

　適切にグループ分けができているかを評価する。グループの項目が1つだけとか、逆にグループの中に全体の半分が入っているような分け方は、情報がうまく構造化できてない可能性がある。

4-11 上位概念を考えるワークショップ
⏱ 1時間

1 上位概念

ワークショップにおいてブレインストーミングを行い、製品やサービスのコンセプトを検討することがある。コンセプトを決定し、製品やサービスのデザインを進めていくにあたって、表層的にコンセプトを決めてしまうと、その後のデザインも表層的になってしまう。これは、ワークショップなどで参加者がよく陥りやすい問題でもある。

ここではコンセプトをより上位概念で立てることについて取り上げる。上位概念とは、機器のコンセプトをよりユーザーの精神的な問題として捉える考え方である。逆に下位概念とは、ユーザーの活動や機器のあり方を表層的に捉える考え方である。

2 手段を目的にしてしまう

ユーザーの活動を表層的に捉えるとはどのようなことだろうか。ここではシュレッダー（図1）を例に考えてみよう。シュレッダーは情報漏洩を防ぐために情報が書かれた書類などの紙を細かく裁断する機器である。このシュレッダーを単に「紙を裁断するもの」というコンセプトで捉えると、大量の紙を裁断できるもの、高速に裁断できるもの、大型のもの、小型のものなどのシュレッダーのバリエーションをデザインできるだろう。しかし、シュレッダーの目的は情報漏洩を防ぐためであり、目的を紙を裁断するという手段にしてしまうと、そこから生まれるデザインも限定的なものになってしまう。

3 上位概念により生まれるデザイン

では、シュレッダーのコンセプトを「紙を裁断する」ではなく、「情報漏洩を防ぐために情報を見えなくする」と捉えた場合、そのコンセプトから生まれるデザインはどうなるだろうか。このコンセプトからだと「紙を裁断する」というデザイン以外に、個人情報保護スタンプのようにスタンプで紙上の文字を見えなくするデザインも生まれる（図2）。情報漏洩を防ぐ目的が果たせれば、紙を裁断しなくても文字を見えなくすれば同じ効果が得られるからである。このことを図3のように表すと、コンセプトを上位概念に設定することによって、そのコンセプトのデザインの選択肢が広がるということである。これは、一度高い場所まで登って周囲を見渡すことによって、降りるときにさまざまな降り方を発見することができるのと同様である。

4 デジカメの上位概念のワークショップ

通信機能付きデジカメのコンセプトを考えるワークショップを事例として、上位概念について学ぶ。

まず、ブレインストーミングにおいて、デジカメのコンセプトを「カメラの持ちやすさ」という問題にしてみよう。このコンセプトからは、「持ちやすい」、「ポケットに入るくらい小さい」、「すぐに撮れる」などのデザインが挙げられる。これらは写真を撮るときのユーザーの身体的な問題は解決できるが、それ以上の問題解決にならない。

次に、ユーザーはどのような写真を撮っているのかということを問題にしてみよう。そうすると「景色」、「人物」、「動物」、「植物」などが挙げられる。しかし、これ以上ブレインストーミングが進まないと、そこから生まれるデザインは「景色専用デジカメ」、「動物専用デジカメ」など対象に特化したデザインに留まってしまう。

続いて、撮影した写真をSNSなどに投稿するために撮影した写真を手早く保存、加工、Webに転送するためのソフトウェアの機能向上を問題にしてみよう。しかし、そこで話が終わってしまうと、一連の作業が迅速に行える利便性の高いデジカメのデザインに留まってしまう。

5 コンセプトを精神的な問題として考える

通信機能付きデジカメの基本的な目的は、写真を撮影して転送することであるのでその機能は最低

図1. シュレッダー

図2. 個人情報保護スタンプ

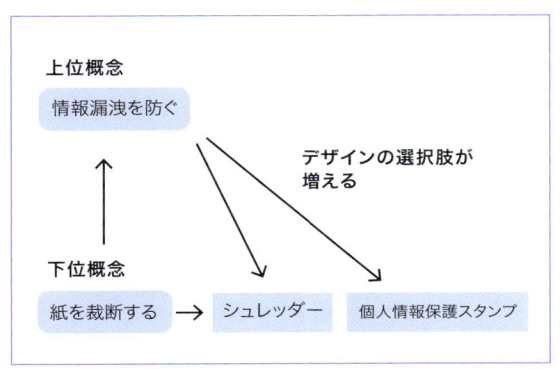

図3. シュレッダーの上位概念とそこから生まれるデザイン

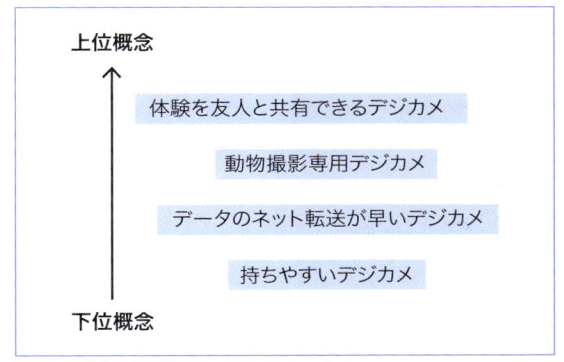

図4. 上位概念に基づいてデザインする

限必要であるが、ユーザーにとってデジカメの目的は効率的に写真を撮るためだけではない。ユーザーは写真を撮影して転送するという「作業」だけをしているわけではない。

ユーザーの撮影、転送という行為をより精神的な問題として捉えてブレインストーミングしてみよう。そうすると「撮影した物への感動を友人と共感、共有したい」、「写真を送り合うことによって友人関係を維持したい」という言葉が出てくる。これらは撮影する行為そのものではないが、写真を撮影するユーザーの大きな動機である。「撮影した物への感動を友人と共感、共有したい」をコンセプトにしてデザインすることで、「写真を簡単に撮影する」というコンセプトより上位の概念でデジカメを捉えることにより、ユーザーの精神的な満足を満たすデザインが可能になる(図4)。

⑥ 上位概念から上位のデザインを創出する

ワークショップにおいて、デジカメを「写真を撮る機器」という概念で捉え、効率よく撮影ができる機器としてコンセプトを立ててデザインすることは比較的容易である。

しかし、「ユーザーにとって何が本質なのか」をさらに追求していくことが重要である。その本質は、それまでの議論の延長上にあるのではなく、議論をひとつ上のレベルに上げて本質に迫り、より上位概念でコンセプトを立てることによって、ユーザーとっての精神的な満足感が得られる上位のデザインができるのである。

4-12 フォトKA法ワークショップ

⏱ 3時間〜4時間

❶ 目的

情報デザインのプロセスでは、ユーザーの利用状況やニーズを把握するために、フィールドワークやインタビューなど、定性的な調査を行うことが多い。得られた情報は、アイデアの発想やデザインの検討に活用しやすい形で分析し、まとめる必要がある。

ここでは、KA法[*1]という定性情報分析法を応用したワークショップを紹介する。この方法は、同じ目的で用いられる、上位下位関係分析法[*2]に比べて分析の手間がかかるものの、ユーザーの価値観の全体像を写真も使いながら視覚化できるため、第三者からもわかりやすいという特徴がある。

ここで紹介する実施方法は、参加者があらかじめ作成してきたフォトエッセイを使い、分析を行う方法である。KA法はさまざまな定性情報を扱えるため、分析対象とする情報は観察データやインタビューデータなどでも同様に行うことができる。

❷ 行為の背景にある価値を導出する

KA法は、調査で得られた定性情報から、そのユーザーの心の声を推測し、行為の背景にある価値を導出する方法である。フォトKA法では、フォトエッセイを用い、ユーザーの行為を写真と共に収集し、価値分析を行う。

KA法では、価値の導出の仕方が重要である。価値は、必ず「〜する価値」や「〜できる価値」というように、「動詞形＋価値」と表現する。

また、実際にはユーザーが実施していないことや、やりたくてもできていないことについて分析する際は、価値をポジティブな表現に変換する。つまり、本来実現できていたら得られた価値を書き、「未充足の価値」として"未"印をつけておく。

❸ 概要

全体の所要時間は、3〜4時間程度である。実施人数に制限はないが、適正人数は20名程度である。KA法について理解しているファシリテーターがいるとよい。

後半にKJ法を行う際に、作成されるカードの数が最低20枚程度になるよう、グループの参加人数を数人のグループを調整する（5〜6名程度がよい）。

ワークショップは大きく3部で構成される。第1部は、各自宿題として作成してきたフォトエッセイを相互でインタビューする段階。第2部は、フォトエッセイから特徴的な出来事を書き出してKA法の分析を行い、KAカードを作成する段階。第3部は、作成したKAカードの「価値」に着目し、KJ法の要領で分類を行い「価値マップ」を完成させる段階である。

❹ 進め方

1. 事前宿題：フォトエッセイ

ワークショップのテーマを設定し、参加予定者にあらかじめフォトエッセイを作成してもらう[*3]。テーマは、デザイン対象とする行為を表したものにする[*4]。

フォトエッセイは、2種類のタイプのものを作成する。タイプAは「テーマについて現在やっていること」、タイプBは「テーマについてやりたくてもできていないこと」。タイプBの写真を撮影できない場合は、インターネットで検索した画像でもよい。

2. 第1段階：フォトエッセイ・インタビュー

1）相互インタビュー（20分）：各自印刷して持ち

[*1] **KA法**：浅田和実氏によって提案された、定性情報分析法。デザインへの応用は、安藤によって改変された方法が用いられる。参考文献として、浅田和実，図解でわかる商品開発マーケティング，日本能率協会マネジメントセンター，2006．がある。

[*2] **上位下位関係分析法**：⇒p.58

[*3] **フォトエッセイの作成方法**：教 p.96

[*4] **フォトエッセイのテーマ例**：なるべく幅広い行為について情報を収集できるように、少し抽象的な動詞形の表現にするとよい。例えば、健康を気づかう、ブレイクする（一息入れる）、（あなたにとって）きれいにする、などのような表現である。

図1. フォトKA法の分析イメージ

（フォトエッセイの写真／フォトエッセイから抽出したユーザーの行っている事実／心の声（分析）／価値（分析））

出来事：（Name: M No.: A）
日々より良く変化していきたいし、死ぬまで好奇心は失いたくない。読みたい本もたくさんある。本との出会いも一期一会だと思うので、気になった本はなるべく買うことにしている。

ユーザーの心の声：
積極的に新しい知識や刺激を仕入れないとね

価値：
新しい知識・刺激を求める価値

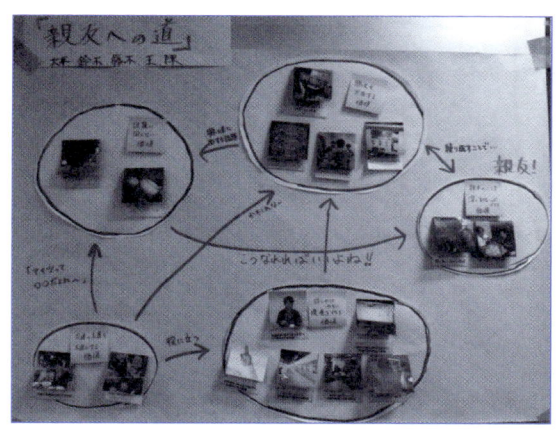

図2. 最終的な価値マップの例

寄ったフォトエッセイについて、2人1組で相互にインタビューをする。とくに、タイプAについては、工夫していることやその理由、タイプBについてはあきらめていることや我慢していることなどを聞き出すとよい。聞き出した内容はメモを取る。

3. 第2段階：KA法による分析
1）KA法の練習（20分）：参加者全員がKA法を理解するために、例題を用意して練習するとよい。
2）フォトエッセイからKAカードの作成（30分）：インタビューを行った相手について、フォトエッセイとインタビュー結果をもとに、特徴的なことに着目して出来事を書き出す。1つのフォトエッセイから1〜2枚程度のカードを作成する。
　出来事を書きだしたら、「心の声」と「価値」を分析する。写真は出来事を表わした部分を切り抜く（図1）。

4. 第3段階：KJ法による価値マップの作成
1）分類（30分）：KAカードの価値に着目し、よく似た価値をグループでまとめる。グループの名前も「〜する価値」（中分類）とし、ふせんに書く。
2）構造化（30分）：すべてのカードについて、分類ができたら、ふせんで書かれた中分類の価値同士の関係性を考察する。因果関係や循環構造などを想定して、対象とする行為の価値の全体構造を表現するとよい（図2）。

5 コツ

このワークショップでは、KA法の価値の分析が適切であるかが重要となる。ただし、第3段階のKJ法（分類）の際に、不自然な価値があった場合は、書き直してもよい。

6 評価のポイント

1. 対象行為についてユーザーの心の構造が、価値マップとして表現できているか。
2. 分析したメンバーが納得できる構造が表現されているか。

4-13 ストーリーテリング・ワークショップ

⏱ 4時間

❶ 目的

ストーリーテリングとは、コンセプトやメッセージを物語の形式によって伝える手法のことである。従来はマネジメントの分野で用いられてきたが、近年では、ユーザビリティやユーザー体験（UX）の分野でも用いられるようになってきている。

このワークショップの目的は、既存サービスのユーザー体験をストーリーとして視覚化し、理解することである。そしてこのストーリーを聞き手に伝えることで、ストーリーに登場するユーザーやその状況に共感してもらうことである。

❷ 進め方

ここでは具体的な題材をもとにストーリーテリングのワークショップの進め方について説明する。今回の題材は「旅行×スマートフォン」である。旅行体験の中でスマートフォンをどのように使っているか、またそれによって旅行体験にどのような影響を与えたのかをユーザー体験のストーリーとしてまとめ、聞き手に伝える。

1. ストーリーの素材を集める

ユーザー体験のストーリーを作る最初の一歩は、ストーリーの素材を集めることである。ストーリーの素材は、ユーザーインタビューの記録やアンケート結果、旅行サイトの口コミ、ユーザー観察や旅行アプリのユーザビリティテストの記録など、さまざまな方法で集めることができる。

ワークショップを行う前に旅行体験に関するさまざまな情報を集めておき、ストーリーの素材として持ち寄る。もし事前に十分な素材を集めることができない場合は、ワークショップの冒頭でインタビューを行ってもよい。ワークショップに参加しているメンバーの中から、旅行のエピソードを聞き出し、ストーリーの素材を集めていく。

ストーリーの素材は大きく2種類に分けることができる。この点を意識して記録しておくと、後ほどストーリーの素材を選ぶ際に情報の整理が簡単になる。

1）ストーリーの断片（アネクドート）：アネクドートとは元々、風刺的な小話のことを指していたが、ここではユーザーの体験や出来事などの短いストーリーのことを指す。（例：旅行を予約した、旅行アプリをダウンロードした、電車で移動した、旅先で晩ご飯を食べた、など）。こうした短いストーリーの断片が集まって1つの大きなストーリーになる。

2）ストーリーのコンテクスト：ストーリーには骨子だけでなく、枝葉となる要素も必要になる。よいユーザー体験のストーリーには、聞き手がストーリーを聞いているときに、具体的な場面が頭の中に浮かんでくるような描写が欠かせない。時間（季節、日時）や場所（自宅、大学、旅先）、ユーザーの気持ち（出発が楽しみ、荷作りが大変）など、そのときの状況をリアルに思い浮かべることのできるコンテクストを追加しよう。

2. ストーリーの素材を選びストーリーを作る

ストーリーの素材が集まったら、その中でよいものを選ぶ。ストーリーの構造に沿ってアネクドートを紡いでいくと、ストーリーのあらすじ（プロット）ができあがる（図1）。

このとき使用するストーリーの構造には英雄構造や規範的構造などの種類がある（図2）。この2つの構造の大きな違いは、試練が出てくるかどうかである。英雄構造では、主人公は冒険に出て、その旅先で困難な状況に遭遇するが、その困難を乗り越えて無事に帰還する。旅のストーリーでいうと、楽しく旅行をしてたのにトラブルに巻き込まれるが、スマートフォンなどの情報機器を使いこなし困難を解決する、といった具合である。ストーリーのあらすじが完成したら、それにそってストーリーを作成する。

3. ストーリーを伝える

ストーリーを聞き手に伝える準備を行う。ストーリーを伝えるための写真や映像を見せるスライドを準備したり、話し方を練習する。何も準備せずにストーリーを話すのと、聞き手に配慮してストーリー

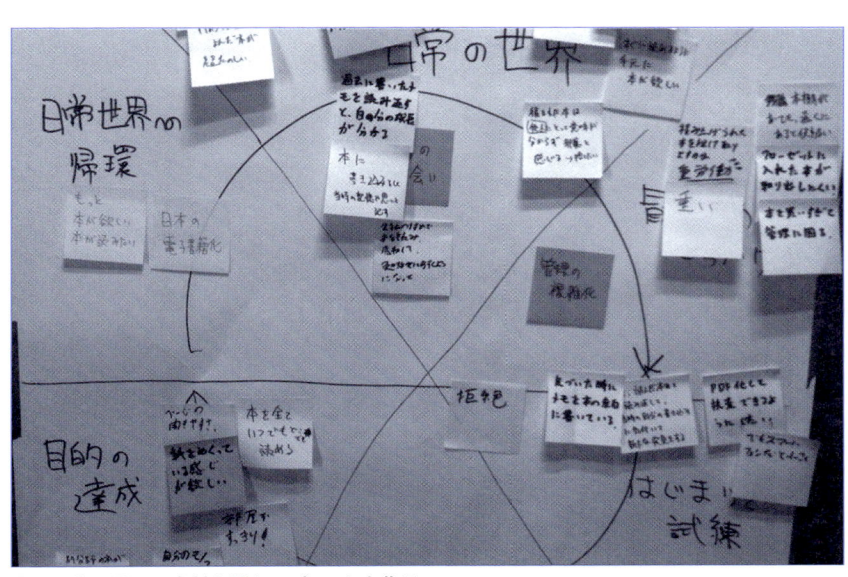

図1. ストーリーの素材を選んでプロットを作る

テリングのために準備するのでは、ストーリーの伝わり方がまったく違う。ワークショップで作成したストーリーがうまく聞き手に伝わるよう、準備しよう。

❸ コツ

1. 聞き手に配慮する

　ストーリーを作成するときは聞き手のことを考えて準備しよう。聞き手にデザインやエンジニアなどいろいろな専門分野の人がいるのであれば、特定の分野の専門用語を使うのは避けた方がよい。逆に、聞き手がエンジニア中心なら、専門的な技術用語を交えて話す方が共感を得ることができるかもしれない。聞き手の特徴を考えてストーリーを作ることによって、親しみと共感を得ることができる。

2. 話す早さに気をつける

　重要なところはゆっくり時間をかけて解説してもよいし、逆に簡潔に話をするだけでよい部分はあまり詳しく説明せず、端的に話をしよう。

❹ 評価のポイント

1. ストーリーの内容

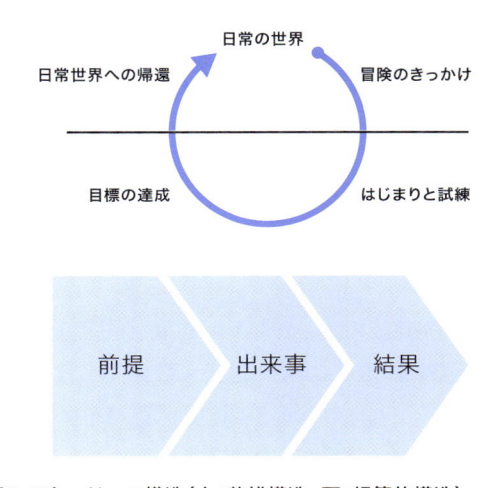

図2. ストーリーの構造（上：英雄構造　下：規範的構造）

　ストーリーを通してユーザー体験を適切に伝えられているか。

2. コンテクストの盛り込み方

　ストーリーの中に情景が浮かぶようなコンテクストが盛り込まれているか。

3. ストーリーの伝え方

　話し方は適切か、ストーリーを伝える素材は適切だったか。

4-14 最悪トラベル・ワークショップ

⏱ 1時間～1時間30分

❶ 目的

スタンフォード大学で起業家育成プログラムの責任者をしているティナ・シーリグは「アイデアに悪いものなどない―そう考えられたらブレインストーミングは成功です」と述べている。しかし、ブレインストーミングに慣れていない人は、突飛なアイデアや実現可能性のないアイデアは価値がないと思い込んでいることが多い。

このワークショップの目的は、一見悪いアイデアであっても、発想を転換することで、魅力的なアイデアへと発展させられることを体感し、自由なアイデア発想を行いやすい環境や態度を作ることである。

このワークショップでは、最悪なアイデアを発想する際に、自由に発想する楽しさを感じることができる。また、最悪な旅行を最高な旅行へと転換することを通して、アイデアそのものの良し悪しではなく、視点を変えるだけで最高のアイデアにできる可能性があることを理解できる。不満のある体験の価値転換を図る発想力は、ユーザー体験のデザインやサービスデザインにおいて重要な発想力である。

❷ 概要

全体の所要時間は、1時間～1時間30分程度である。実施人数に制限はないが、適正人数は30名程度がよい。数人のグループ（4～5名程度がよい）を複数作る。

ワークショップは4部で構成される。

第1部は「最悪な旅行」を発想し、「最悪ポイント」を明確にした最悪な旅行のストーリーを考える。

第2部は、最悪な旅行のストーリーを隣同士のグループで発表しあい、相手のグループの最悪ポイントを把握する。

第3部は、相手のグループの最悪ポイントをそのまま受け入れつつ、全体を「最高の旅行」にするアイデアを発想する。

第4部は、最高の旅行のアイデアを魅力的なサービスとして表現するために、テレビ通販のようなプレゼンテーションを行う。

❸ 進め方

1. 最悪な旅行 [20分]

1) 発散 [15分]：各グループでブレインストーミングを行い、史上最悪の旅行はどのような旅行になるかを発想する。マインドマップとふせんを使って発想すると取組みやすい。どんな状況で、誰が誰と、どんなときに、どこで、など具体的にしていく（図1）。

2) 収束 [5分]：本当に最悪な旅行のストーリーを作る。このとき、際立った「最悪ポイント」を先にまとめてから、ストーリーを作る。

最悪ポイントは、「状況」「登場人物」「最悪な出来事」「結果」の4点で整理し、A3の紙にまとめておく。

2. グループ間での相互発表 [10分]

グループの代表者1名が隣のグループに移動し、グループで考えた最悪な旅行のストーリーを発表する。残りのメンバーは、別のグループの代表者が発表するストーリーを聞いて理解する。

グループが多い場合は、グループ番号をつけ、各自のグループの1つ後ろの番号のグループを相手に発表するなど、ルールを決めておくとよい。

なお、発表するときは最悪ポイントをまとめたA3の紙を見せながら発表し、発表後はその紙を相手のグループに渡す。

3. 最高の旅行への転換 [25分]

1) 発散 [15分]：各グループでブレインストーミングを行い、相手のグループから示された「最悪ポイント」をそのまま受け入れつつ、最悪の状況を最高に変えるアイデアを発想する。

2) 収束 [10分]：最高の旅行のストーリーを作る。また、そのストーリのような最高の旅行をサービスとして提供する旅行会社になったつもりで、旅行のアピールポイントをまとめる。最悪ポイントを最高に変換する体験とサービスの流れ、実現するのに必要な仕組みなど、なるべく具体的に考える（図2）。

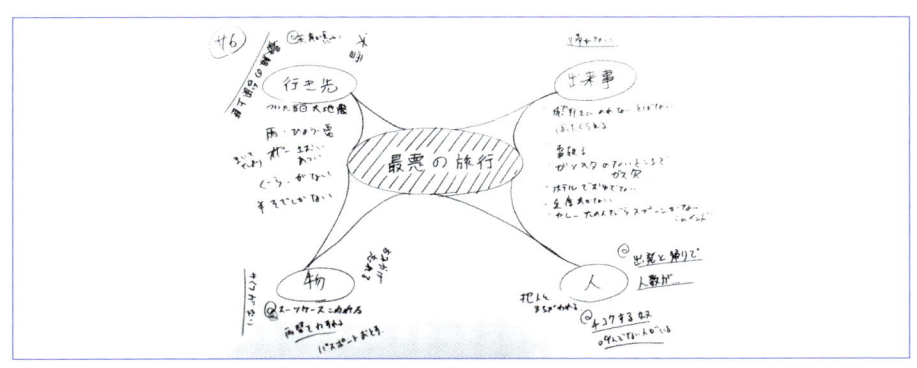

図1. マインドマップを使ったブレインストーミングの例

図2. 最悪ポイントから最高の旅行への転換

プレゼンテーションのために必要な小道具が必要であれば、この時間に作成する。

4. 最高の旅行プランの全体発表[1チーム3分程度]
発想した最高の旅行のストーリーをサービスプランとしてストーリーテリングで発表する。テレビ通販の紹介のようなプレゼンテーションで、最高の旅行のストーリーを語るとよい。なお、プレゼンテーションの最初には、相手のグループから示された最悪ポイントを説明すること。発表では、アクティングアウトを取り入れるとわかりやすい。

発表後は、最悪ポイントを考えたグループの代表者がどれくらい最高なアイデアへと変換できたか、コメントする。

④ **コ ツ**

このワークショップでは、第3部の発想が重要となる。ここでの発想転換は自由に発想してもらいたいが、これまでの実践のパターンとしては、以下のようなものがある。

1. 最悪な出来事を逆に活用するパターン
　最悪に見える出来事には裏の仕掛けがあり、その出来事を逆に活用して新しい価値が創出されるもの。
2. 最悪な出来事を無化するパターン
　本人が最悪な出来事が起こったと認識していたが、何らかの理由で最悪な出来事が帳消しになるような状況が起こり、結果的に最悪でなくなるもの。

⑤ **評価のポイント**

1. 最悪ポイントを、どれくらいユニークな発想で転換できているか。
2. 通常の枠組みにとらわれない自由な発想ができているか。

4-15 インプロビゼーション・ワークショップ

30分〜1時間30分

1 目的

インプロビゼーション(インプロとよぶ)とは「即興」のことである。音楽では、アドリブで演奏を行う即興演奏が知られているが、演劇においても事前に台本を準備せず、俳優らがその場その場の状況の中で演技を行い、それによってストーリーが紡がれていく即興劇という分野がある[*1]。この即興劇は完成度よりも、しなやかな発想(ライブならではの柔軟さ、瞬発力)を目的とするものであり、転じて創造性を養うための学びとしても非常に有効であることから、近年では組織開発、デザイン教育などにも取り入れられるようになっている[*2]。デザイン教育において、インプロを取り入れる意味として、以下の3点がある。

1. 発想を柔軟にする

即興で他者とのやりとりを成すためには、事前の計画は役に立たず、むしろそれらを捨てて、変化し続ける状況の中で考えていかなければならない。インプロを行う中で自然に頭を柔らかくしていくことができる。そして発想を生み出すためには、どのような条件が必要なのかが体験的に理解できる。

2. チームビルディングの助けになる

メンバー同士が身体的な一体感を感じることができる。また、失敗を許容しつつ受け入れる雰囲気を作ることで初対面時の緊張をほぐすことができる。

3. 寸劇のトレーニングとなる

開発する製品やサービスの利用シーンを寸劇として演じてみることで、利用文脈上の問題を洗い出し、新たな気づきを得ることができる[*3]。インプロを行うことで、寸劇を行う際のメンバー間での間合いのあわせ方や、身振りなどを活用してリアリティのある場面を演じるスキルにつながる。

2 進め方

インプロは、舞台での本番用だけでなく、基礎トレーニングのためのゲームのメニューが何百種類も生み出されている(図1-4)。いずれも特別に難しいものではなく、ゲーム感覚で楽しく行える。学びを深めるためには、数をこなすのではなく、一つひとつの体験をよく解釈してみることが大事だろう。2人ペアで向かい合って鏡になりきる「ミラーリング」、架空のボールをパスをしていく「イマジナリーボール」、否定しないで話を膨らます「YES&YEAH」など基本的なメニューでも学べることは多い。ブレインストーミングの4つのルール(1.自由奔放、2.批判厳禁、3.質より量、4.便乗発展)の意味についても、インプロの体験を通して初めて腑に落ちることもあるはずである。また、しなやかな発想のために、緊張とリラックスという相反する感覚が同居するような精神状態へスイッチを入れることを体験的に理解できるだろう。会議のような状態で行うブレインストーミングとの根本的な違いに気づくはずである。

3 コツ

インプロを体験したあとは、その感覚を忘れないうちにアイデア発想のブレインストーミングを行ってみると、一層その変化を体感することができる。身体を使ったブレインストーミングは、ボディーストーミングとよばれている(図5)。実際に身体を使って何かをやってみることで、ものごとを観察・理解し、発想していく方法であり、インプロのときの感覚と非常に親和性が高い。プロトタイプ作成とあわせることで、身体的な発想を効果的に取り入れたデザインワークになっていく(図6)。

[*1] 参考文献としてキース・ジョンストン, インプロ—自由自在な行動表現, 而立書房, 2012. がある。

[*2] インプロを演劇ではなく、組織における学びとイノベーションの探求としての面から読み解いたものに、次の書籍がある。高尾隆, 中原淳, インプロする組織, 三省堂, 2012.

[*3] 人間中心デザインの領域では、身体を使って利用シーンを演じる方法はアクティングアウトとよばれ浸透している。⇨p.118

気づく	使う	観察する	分析する	発想する	表現する
					運営する

113

図1. ミラーリング
2人がペアになって向かい合い、お互いが鏡像になるように動く準備運動。模倣するためにはよく観察する必要があり、お互いが呼吸や表情をあわせていくことで徐々に自然に感じられるようになる。

図2. 手拍子回し
10人程度で円陣を作り、拍手を回していく。拍手は1回、2回、3回とずらしていく。徐々に回す速度をあげることで全員が同期し始める。

図3. サンキューゲーム
3〜4人で、ジェスチャーだけで状況をつなげていくゲーム。1人が作ったあるポーズに対して、次の人が関係するポーズを取り、2人で成立するシーンを作り、連鎖させながら展開していく。

図4. YES &YEAH
1人が、荒唐無稽な話を振る。話を振られた側は、決して否定せず、「そうなんです!(YES!)」と肯定したうえで、かつ話を広げたセリフを返す。会話としてつながったら「YEAH!」とお互いにハイタッチ。

図5. ボディストーミング
カバンのアイデアを考えるため、自分たちのカバンを用いてさまざまなシーンを演じている。インプロの後なので、否定せず熱気が高まっていく。

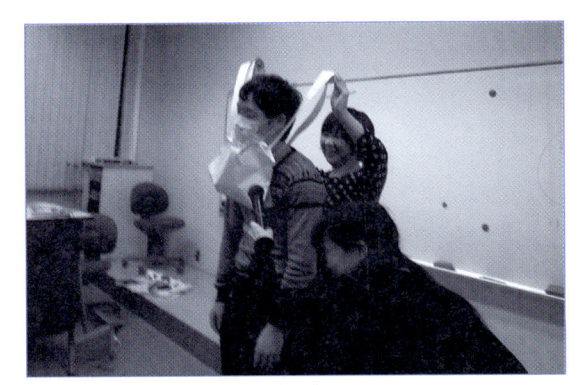

図6. プロトタイプの発想とプレゼンテーション
模造紙を用いてプロトタイプを作成する。電車内のつり革を使ってペーパーバッグを吊るし、そこにあごを乗せて寝やすくなるというアイデア。

4-16 デジカメアニメ・ワークショップ
⏱ 3時間

① 簡単にアニメーションを作る
カメラ付き携帯電話やデジタルカメラを活用して簡単にアニメーションを作成する方法のひとつにデジカメアニメがある。簡単にアニメーションを作ることができるだけでなく、アニメーションの基本を学ぶことができる。アニメーションを作ってみたいと考えている人は、一度試してほしい。

デジカメアニメを作るプロセスは、下記のようになる。ここでは「絵コンテを作るワークショップ」と「デジカメアニメを作るワークショップ」を紹介する。

1) テーマを決める
2) ストーリーを作る
3) 絵コンテを作る
4) 写真を撮影する
5) 写真を活用してアニメーションを作る

② 絵コンテを作るワークショップ
絵コンテとは、映像表現のために、シナリオをもとに登場人物の動き、背景、カメラの位置などを時系列でカットごとに絵と文章で示したものである*1。絵コンテを活用する目的は、「映像的なアイデアをまとめる」、「映像表現を役者、撮影者、協力者などに伝える」ことである。

ここでは、「食べること」をテーマにした4コマの絵コンテを作成する。
1. 具体的なテーマを検討する。例えば、学生が家で友達とカレーを食べる。
2. 文章のシナリオを準備する。
3. シナリオをもとに各シーンのカットごとに絵コンテを描く。
1) 絵コンテには絵と内容を示す文章が含まれている。
2) 登場人物の動き、背景、カメラの位置を絵で示す。

③ 絵コンテを作るワークショップのコツ
1. 最初に絵コンテの枠を描く。
2. 人間の顔は○(円)と+(十字線)で表現する。○は顔の位置と大きさを表現して、+は顔の向きを表現する。
3. 人間の身体は、○に手足を追加する。まずは顔の○を描いて、胴体・手・足を追加する。あまり詳しく描かなくてもよい。
4. 人間のまわりの空間としては、人間の位置、背景の位置、カメラの位置を描くとよい。人間のまわりの空間の表現は、立体的な表現ではなく、平面図のような表現でもよい。

④ デジカメアニメ・ワークショップ
このワークショップの課題は、「デジカメを使って食べることをテーマとした簡単なコマ送りアニメの制作」である。条件は、モノは使わずに人間が演技をして、食べることや食べられるモノを表現する。16枚の写真を使って、デジカメアニメを作る。

1. テーマを決める
誰が、どこで、何を、どのように食べるのか？ について検討しながらテーマを決める。テーマが決まったら、そのテーマを文章で書く。

2. ストーリーを作る
どのように食べるのか？ について起承転結を意識してストーリーを検討して、文章にする。ここでも、誰が、どこで、何を、という要素を忘れずに記述する。

3. 絵コンテを作る
まずは4コマ漫画のような絵コンテを作る。そして、

---

*1 **絵コンテ**：[教] p.118
*2 **写真撮影ワークショップ**：⇒p.92
*3 **ビデオ撮影ワークショップ**：⇒p.94
*4 **仮現運動**：静止している個々の画面をある一定の条件下で連続して見せると、それらが実際に動いているように見える現象。見かけの運動、キネマ性運動ともいう。
*5 **パントマイム**：言葉を使わずに可能な限り身体ひとつで表現する劇。どんな場所でも、誰に対しても(耳が聞こえない人、言葉の通じない人)伝えることができる。
*6 **見立て**：⇒p.54

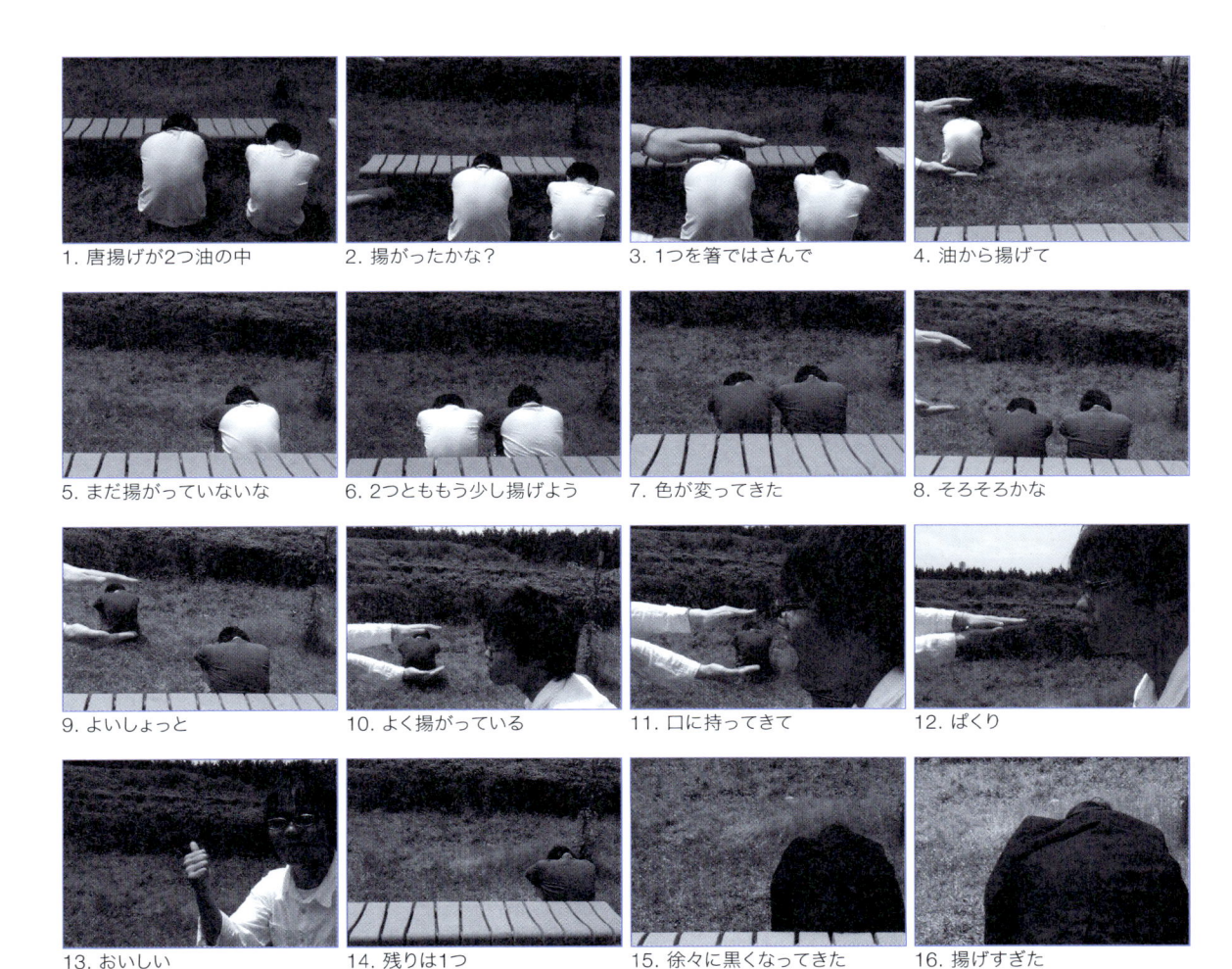

1. 唐揚げが2つ油の中	2. 揚がったかな？	3. 1つを箸ではさんで	4. 油から揚げて
5. まだ揚がっていないな	6. 2つとももう少し揚げよう	7. 色が変ってきた	8. そろそろかな
9. よいしょっと	10. よく揚がっている	11. 口に持ってきて	12. ぱくり
13. おいしい	14. 残りは1つ	15. 徐々に黒くなってきた	16. 揚げすぎた

図1. デジカメアニメ・ワークショップの例（唐揚げを食べる）

その4コマを16コマに膨らませていく。

4. 写真を撮影する

　絵コンテに沿って、各カットで「何を見せたいのか」を考慮して、適切な写真を撮影する[*2]。

5. 写真を活用してアニメーションを作る

　撮影した16枚の写真を、パソコンの連続表示の機能を活用してアニメーションの様子を確かめる（図1）。また、ビデオ撮影のテクニックを取り入れてもよい[*3]。

5 デジカメアニメ・ワークショップのコツ

1. 写真を撮影したらすぐに確認し、気になる部分があれば、その場で再度撮影する。

2. 映像の基本はパラパラ漫画なので、仮現運動[*4]で静止画が動いているように見えるようになる。

3. パントマイム[*5]で人物の動きを表現する。声や説明はないが、動作で見せる。

4. 見立て[*6]を活用して楽しく見せる。

5. 遠近法や錯覚を活用して楽しく見せる。

6. 撮影の背景はできる限りシンプルにする。余分な背景があると、見せたい人間や表現の邪魔をするからである。

4-17 図解基礎ワークショップ

⏱ 1時間〜1時間30分

❶ 目的

図1に示す「サポトレ」は、セミナーなどで実際に使用している素材である。ここでは、この文章を読み込み、どのようなデータを選び、または削ぎ落とし、どのような表現が理解されやすいのかを考えながらワークショップを行い、図解の基礎を学ぶ。

実際の誌面では、中ほどの四角の部分に図解が掲載されているが、ここでは課題用に空白にしている[*1]。このように、雑誌や新聞の文章に何らかのインフォグラフィックスが掲載されていたならば、図の部分を伏せ、文章だけを読んで、まずは自分たちで作ってみる。その後、実際に掲載されたものと自分たちのものを比較して、プロと自分たちのそれぞれ良い面と悪い面を指摘し合う。

❷ 進め方

用意するものは、素材(図1)、下書き用の鉛筆、仕上げ用の水性フェルトペン(1ミリぐらいの太さ)、A3用紙。

1. 図1の記事を3回読む。
 1回目は普段通りに、まずは文章に添えられたタイトル、サブタイトルに目をやりながら内容を概観する。
 2回目は重要と思われるデータやキーワード、つながり部分にマーカーなどで印をつけ、図解を作るうえで必要な材料を選び出す。
 3回目は、自分が著者になりきって、目の前の読者に語りかけるようなつもりで読む。例えば、強調したい言葉の順に、図解で使うデータの優先順位を決め、著者と読者が同じ風景を共有するために、データの持つ意味や環境を考える。
2. 伝えたい事柄やかたちがおぼろげながら見えてきたら、マーカーで印をつけたデータやキーワード、つながり部分と関連する具体的なかたちを導きだす。どのような構成でレイアウトをすればわかりやすいか、コンセプトを考えながら鉛筆で構図をスケッチする。
3. フェルトペンで清書をしながら、わかりづらいところに単語や短い文章を添えて補足し、最後にタイトルをつける[ここまで40分]。
4. 3人ずつのグループに分かれる。スケッチを描いていたときの隣同士は別のグループにする。
5. 周りの人に見えないようにスケッチは伏せておく。
6. カーテン・ディスカッション[*2]を行う[20分]。
7. 別グループや参加者全員に対してプレゼンテーション、または公開掲示し、講評をもらう[30分]。

❸ コツ

ストーリーのある部分を切り取った挿絵やイメージ広告を作ることが目的の図解ではない。データとデータを結びつけて価値ある情報に変化させたり、複雑なものを単純化して見えづらいものを外に引き出すためのものなので、読者がわかりやすく理解できるようシンプルな表現を心がける。

インフォグラフィックスには、図解のほかに、チャート、表、グラフ、地図などさまざまなスタイルがあるので、コンセプトにあてはめて選ぶ。また、図形や文字の大きさ、線の種類、角度、位置、色、濃度、動きの作る矢印などを「そろえる・使い分ける・比較する」という意識で臨むとすっきり見える。

なお、図解のコンセプトがぶれないためには、空間(場所・距離)を常に意識する。

❹ 評価のポイント

1. 文章を読まなくても何をいおうとしているかがわかるか。
2. 図解表現からコンセプトやメッセージがしっかり伝わってくるか。

[*1] インフォグラフィックスの答えは、p.129を参照。ただし、これは模範解答ではなく表現のひとつの参考である。

[*2] カーテン・ディスカッション: ⇨p.34

気づく　使う　観察する　分析する　発想する　表現する
運営する

SUBJECT 02
「情報を届ける」ための手助けをするには？

支援地に眠っている携帯ラジオを集め、被災地に送付。

支援するにも訓練が必要です。

必ず来る次の災害のために、「支援訓練」もしておきませんか？ 具体的な知恵と事例を集め、「支援のメニュー」をシェアしていきます。

文・荻上チキ
typography by Bunpei Yorifuji

サポトレ
knowledge of support training

2011年3月18日。TBSラジオは各番組を通じ、「眠っている携帯ラジオを、赤坂サカスまで、直接持ってきてください」「壊れたラジオでも、スタッフが修理してお届けします」と訴えた。これは、「被災地にあなたのラジオを」キャンペーンと題された支援活動だ。

震災直後より同局は、TBSテレビの協力を得て、つながりのある被災ラジオ局に対し、飲料水、食べ物、重油などの物的支援を行っていた。その延長で始まった同キャンペーン。番組を通じた呼びかけに多くのリスナーが応じ、27日まで10日間で、総計6000台を超えるラジオが集まった。

各ラジオには、リスナーから手書きの応援メッセージが添えられた。中には「電池も足りないでしょう」と、ありったけの電池を持参してくれるリスナーの姿もあった。修理がほどこされ、電池が交換されたラジオは、準備が整い次第、運搬された。それを受け取った被災ラジオ局が、被災者に配布。その際には、「○○ラジオで支援情報を流している」と声掛けしたり、「いま、どんな様子ですか？」「どんな情報が欲しいですか？」と、ニーズの掘り起こしを同時に行うこともあった。

これは、被災者の「情報がほしい」というニーズと、被災ラジオ局の「放送を止めたくない／届けたい」というニーズ、この二つを支える、小さくも確かな支援活動だ。災害時にはとにかく情報が錯綜し、一方でメディアのインフラがずたずたになるためだ。

そんな中、各種統計データは、震災直後から数週間の間、ラジオが有効なメディアであったことを示している。様々なインフラが必須のネットやテレビは、その回復に時間がかかる。そこで単なる携帯ラジオは、もはや防災グッズの定番。持ち運びが簡単な携帯ラジオを被災者に届けるか」というのが、非常に重要なミッションとなるわけだ。

「ラジオが届いて、本当に助かったんだよ」と、被災ラジオ局の社長は振り返った。一方、「次に災害があった時も、ラジオを送ろうと思う。その時は、もっと迅速に動きたい」とも語る。被災地でラジオを配布した団体はほかにも多々あった。情報は時には、命綱にもなる。大事な命綱を築き直す、小さくも有用な支援だった。

graphic design by Tube Graphics

文章を読んで、ここにある情報だけを使って
図解（インフォグラフィックス）を作ってみよう。

単なる挿絵を作るのではありません。
一番に伝えたいメッセージがそこにあるかです。
読者を意識してください。
絵がうまい下手は気にしません。

文章を読まなくても何をいおうとしているかが大体わかるように、
この中から重要と思われるキーワードや数字をピックアップしながら、
コンセプトや構図、視点を考え、相手に伝わる「カタチ」にしてください。
図解、チャート、表、グラフ、地図など、
どんなインフォグラフィックスのスタイルを取り入れても構いません。
図のタイトル、キーワード、数字などを付し、
必要ならば短い説明文を加えください。

A3用紙に鉛筆で下書き、サインペンなどではっきり仕上げてください。モノクロ。

おぎうえ・ちき● 1981年兵庫県生まれ。評論家・編集者。メールマガジン『αSYNODOS』編集長。著書に『ネットいじめ』（PHP研究所）、『12歳からのインターネット―ウェブとのつきあい方を学ぶ36の質問』（ミシマ社）、『検証 東日本大震災の流言・デマ』（光文社）など多数。

図1. 課題：上の文章にある情報を使って図解を作る（月刊「ソトコト」2012年6月号より加工転載　発行：木楽舎）

4-18 アクティングアウト・ワークショップ

⏱ 4〜5時間

❶ 目的

3-11コンセプトの視覚化において、アクティングアウトと組み合わせると、対象とする製品やサービスの使い勝手だけではなく、ユーザー体験の側面からも考察できると紹介した。アクティングアウトとは、ユーザーが行うであろうふるまいを寸劇のように演じてみる、一種の体験のプロトタイピングである。他には、ロールプレイングやスキットともよばれる場合がある。

社会においてユーザーがあるサービスを利用する場合、本来はそのコンテクストの中で複数のサービスとの出会い（タッチポイント）がある。ここでは、傘というモノを使いながら「雨の日を快適に過ごす」というサービスデザインを検証するワークショップについて紹介する。

❷ 進め方

1. ユーザー像（役）を決め、ユーザーが過ごす一日のシーンを緻密に想定する。
2. 外に出て、ユーザー役の人間はあたかも雨の日に日常生活を送っているようなアクティングアウト（体験プロトタイピング）を、できるだけ現場に近い環境で行う（図1）。
3. 他のメンバーは、ユーザー役のあとをつけながら、ユーザー役のふるまいを観察する。その場での質疑応答は行わない。
4. 一連の体験プロトタイピングが終了したら、会場に戻りユーザーと傘のタッチポイントを整理する。ユーザー役には、ここで初めて着目したふるまいに関する「なぜ、そんなことをしたのですか？」と回顧的なインタビューを行う（図2）。
5. エクスペリエンスマップを作成し、タッチポイントごとのユーザーの行動、考えたこと、感情などをまとめる（図3）。
6. エクスペリエンスマップの現状分析をもとに、「雨の日を快適に過ごす」新しいサービスの提案を行う（図4）。
7. 提案をプレゼンテーションする場合も、口頭で説明するよりはアクティングアウトを交えて説明する方が聞き手の理解を得やすい（図5）。また、プレゼンテーションのアクティングアウトの様子を写真に収め、サービスの具体的な提案としてストーリーボードの制作にも生かすことができる（図6）。

このワークショップでは、ユーザーのふるまいやコンテクストを頭で考えるのではなく、実際に体を動かして体験しながら他のユーザーや環境との関わり合い、モノとの関係などをシミュレーションすることが大切である。

❸ コツ

1. とくに社会人は、他人の前で演技をする習慣がないので必要以上に恥ずかしがらないこと。恥ずかしがらずに自然に演技をする方が、適正な評価ができる。
2. 事前に緻密なシナリオを作っておくこと。
3. 小道具などを準備しておくと、現実味を醸し出すのに有効である。
4. 体験のプロトタイピングの場合は、常に説明的ではない純粋な思考発話を心がけること。
5. プレゼンテーションを行うときは、演者はできるだけ発話せず、ナレーターに任せる方がよい。
6. プレゼンテーションで行うアクティングアウトでは、環境の映像をプロジェクションマッピングするとより現実味を増す効果がある。
7. ストーリーボードに使うアクティングアウトの写真は、カラーよりもモノクロの方が見る人の想像力を掻き立てることもある。

❹ 評価のポイント

1. サービスとユーザーのタッチポイントをいかにしてリアルに再現しているか。
2. ユーザーとハードや環境との関係を正確に表しているか。

気づく　　　使う　　　観察する　　　分析する　　　発想する　　　表現する　　　119
　　　　　　　　　　　　　　　　　　　　　　　　　　　　　　　　運営する

図1. 体験のアクティングアウト
ユーザーのふるまいを体験プロトタイピングして、それを観察する。

図2. 体験の記述
会場に戻って、観察結果をまとめる。

図3. エクスペリエンスマップ
タッチポイントごとのユーザー体験の満足と苦痛を書き出す。

図4. 体験の分析
観察と分析から、現状の改善点や新しいサービスを提案する。

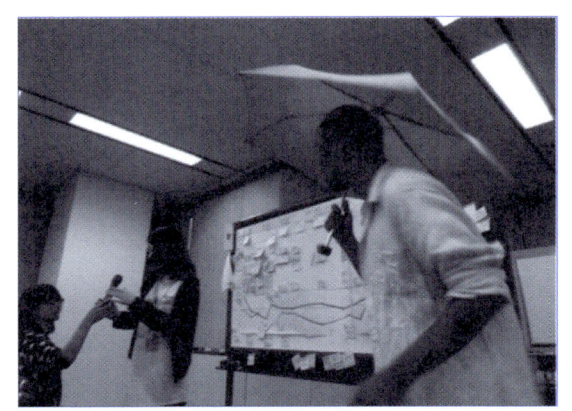

図5. 体験を再現するアクティングアウト
プレゼンテーションする際に、アクティングアウトを行うことで、聞き手にコンセプトをわかりやすく伝える。

図6. アクティングアウトを加工する
さらに実装ベースで開発を続ける場合は、ストーリーボードにアクティングアウトの写真を使う。

4-19 パーソナルファブリケーション・ワークショップ
🕐 1日 *¹

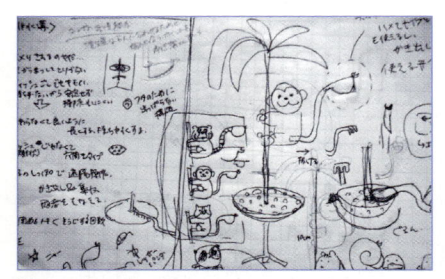

図1. スケッチ

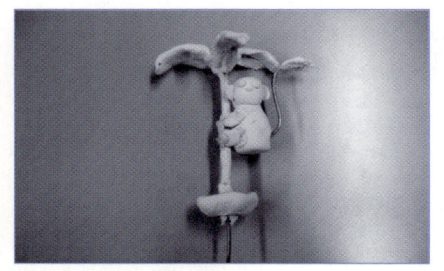

図2. 紙粘土によるプロトタイピング

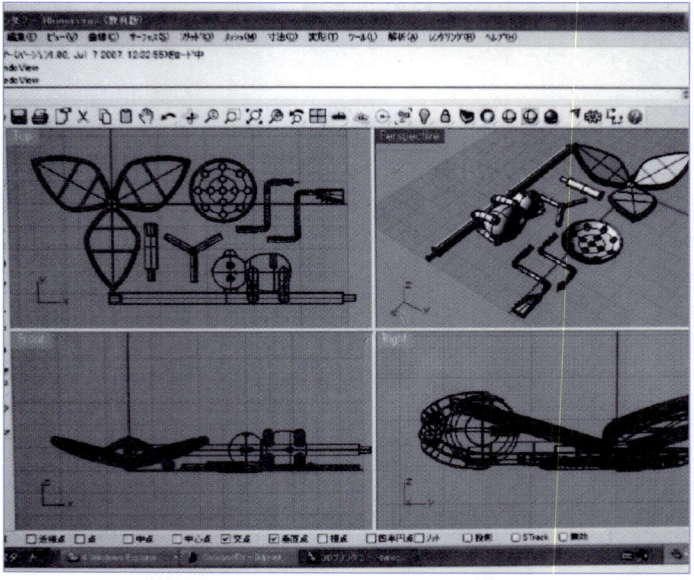

図3. 3DCADによるデータ制作

❶ 目的

これまでは、企業が製品を大量に生産し、消費者が大量に消費してきた。しかし、21世紀に入って3Dプリンタやレーザーカッター、簡易に扱える電子部品 *² などが小型、安価になり、個人が自分で必要なものをデザインし、生産できる環境が整いつつある。このような環境を「パーソナルファブリケーション」とよぶ。パーソナルファブリケーションはまだ発展途上だが、ユーザーが手軽にアイデアを形にして自分専用の道具を作ったり、個人が製品を少量生産、販売することを強力に支援する。またファブラボ *³ のようにパーソナルファブリケーションを支援する施設も設立されている。ここでは、市販はされていないが生活の中で必要な物を自分でデザインし、3Dプリンタなどを使用してプロトタイピング *⁴ を行うワークショップを紹介する。

❷ 進め方

1. 制作物の決定

日常生活の中で困っていること、必要性を感じるものを取り上げ、制作物を決める。Webなどで制作したい物と同じものが市販されていないことを調査して確認する。

ここでは、ワークショップで制作した作品を事例として、排水溝のゴミ取りカバーを取り上げる。洗面所の排水溝に設置する市販品の排水溝カバーでは、たまった髪の毛を手で取り除く必要がある。そこで手を使わずに取り除くことができて、

*¹ 3Dプリンタの出力時間を除く。

*² 電子部品：Arduino（アルドゥイーノ）、Raspberry Pi（ラズベリー・パイ）などの一般ユーザーが数千円で購入でき、専門家でなくても扱いやすいマイクロコンピュータなどのこと。

*³ ファブラボ：Fablab: Fabrication Laboratoryの略称。市民の物作りを支援するために小型工作機械などを備えた市民工房。世界中に作られつつある。日本では、鎌倉、筑波、渋谷、仙台、北加賀屋（大阪）、関内（横浜）、大分などに設立された。

*⁴ プロトタイピング：製品を作る前にその試作品（プロトタイプ）を作り、デザインや性能を検討するためのデザイン手法の1つ。 教 p.124

生活の中で親しみを持てる排水溝カバーをデザインすることにした。

2. スケッチ

はじめにスケッチをいくつも描いて検討する。事例では、猿がヤシの木に登ったデザインに決定した（図1）。

3. 簡易な材料によるプロトタイピング

紙、粘土、木、針金、スタイロフォームなどの安価で入手しやすい材料を使用し、短時間で見た目をあまり気にしないでアイデアを形にする。ここでは、紙粘土を使ってプロタイピングを行った（図2）。

4. 使い勝手を確認する

手に持ったり動かしたりして、持ちやすさや、使いやすさなどを自分で確認してプロトタイプを何度も作り直す。また、周囲のワークショップの参加者達とお互いのプロトタイプについてコメントしあうことが重要である。

5. 3Dプリンタによるプロトタイピング

3DCADで部品の3Dデータを制作して3Dプリンタで出力する（図3）。3Dプリンタにより、完成品に近い状態で精度よく部品同士の組み合わせなどを検討できる（図4）。

6. 3Dプリンタによる制作物の完成

3Dプリンタによるプロトタイピングを何度も行い、最終版を完成品とした（図5）。完成品は、ヤシの木の根元に排水溝カバーがあり、木にしがみついている猿の尻尾が刷毛になっている。この尻尾を取り外してカバーにたまった髪の毛を取り除くことができる。

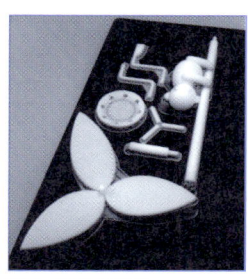

図4. 部品の出力

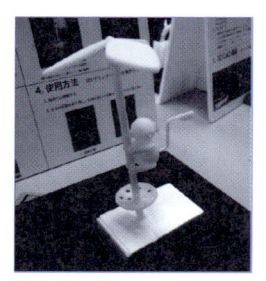

図5. 完成品

図6. 同人誌を立てるラック

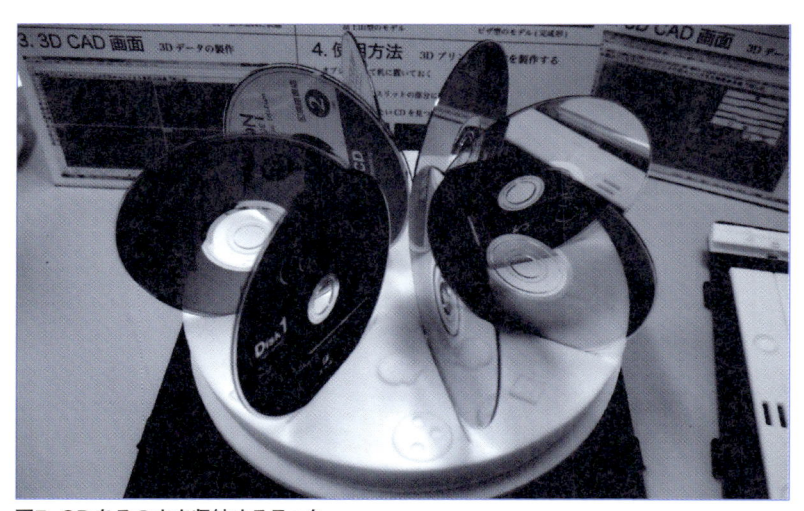

図7. CDをそのまま収納するラック

ワークショップで制作した他の作品として、コミックマーケットなどでディスプレイできる同人誌を立てるラックや（図6）、CDをケースに入れないでスリットにそのままCDを挿して収納できるようなピザ型のCDラックなどができた（図7）。

③ コツ

1. 3DCADでデジタルデータを作る前に簡易プロトタイプを制作し、実際に手で触れることで、仕上がりの明確なイメージをつかむことができる。

2. 粘土や3Dプリンタによるプロトタイプを通して、制作プロセスの各段階で常に周囲の人に自分のデザインを視覚化することで、相互に意見交換を行い新しい視点に気づくことができる。

4-20 スクライビング・ワークショップ

⏱ 3時間

1 目的

企画会議やデザインワークショップなど、創造的なグループワークにおいて、グラフィック・ファシリテーション[*1]やグラフィック・レコーディング[*2]は欠かせない要素となっている。活動の中のさまざまな行為や言葉を拾い、手描き表現を駆使して定着させていくスクライビングのスキルは、傾聴力、編集力、瞬発的表現力の経験値を上げることで培われていく。

その場の発話を瞬時に編集して表現する練習として、また模造紙に大きく字を書く、絵を描く、図を描く体験として、スクライビングを題材としたワークショップを紹介する。短時間の発話をリアルタイムに記録し(模造紙1枚程度)、表現された内容や表現方法について発話者と議論をしながら表現内容や技法についての課題や可能性を体感して欲しい。

2 進め方

スクライビングの題材としては「自己紹介」「カバンの中身」「対談や講義」など、参加人数や活動時間に合わせて身近なものから選ぶのがよい。自己紹介や持ち物は対象者を替えて繰り返し実施することで、成果物自体の資料性が高まる。対談や講義の記録は、講演者にとって価値ある資料となる。ここでは「自己紹介」を例に、ワークショップの流れ(図1)を紹介する。

1. 会場設営
このワークショップでは、模造紙やノリ付きのフリップチャート1枚分のスペースが参加者に割り当てられる。利用する空間によって模造紙を貼る場所には制限があるが、空間全体が楽しい表現の場になるような演出を準備する。

2. ウォーミングアップ
4-4道具の使い方ワークショップをダイジェストで実施。マーカーの使い方、ふせんの使い方に加え、似顔絵やモノを描く練習も入れておくとよい(図2)。

3. スクライビング
2人1組で、相手の「自己紹介」をグラフィック・レコードする。1人10分程度で、経歴や現在についてインタビューを行い、その内容を箇条書き、図、絵などを駆使して模造紙上に表現する。10分でちょうど模造紙1枚が埋まるよう、バランスを考えながら記録する。
・話を引き出しながら進めるという点で、ファシリテーションの要素も含まれる。できるだけ具体的な情報を得ることで、表現もしやすくなる。
・表現のパターンとして、チャート型、マップ型、構造図型をあらかじめイメージしておく(図3)。

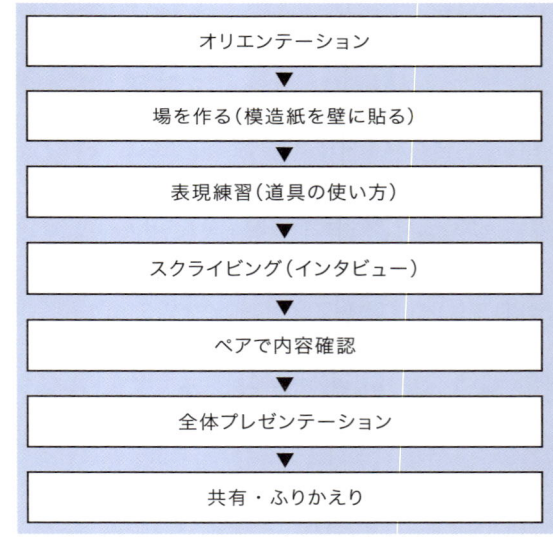

```
オリエンテーション
      ▼
場を作る(模造紙を壁に貼る)
      ▼
表現練習(道具の使い方)
      ▼
スクライビング(インタビュー)
      ▼
ペアで内容確認
      ▼
全体プレゼンテーション
      ▼
共有・ふりかえり
```

図1. ワークショップの流れ

[*1] **グラフィック・ファシリテーション:** ⇨p.30

[*2] **グラフィック・レコーディング:** ⇨p.30

[*3] **「思考のデザイン」:** 2012年2月25日、奈良県吉野郡の neomuseum で開催された un labo. 主催のイベント『undesign』の中のプログラム。ゲストスピーカー達のトークセッションを参加者船員が個別に模造紙に記録し、セッション終了後にそれぞれのスクライビングの意図や方法をプレゼンテーション形式で発表し、共有した。

・模造紙に向かわずに、相手の顔を見ながら描く。まず「話をしっかり聞く」ことが基本。また言葉だけでなく、説明者の立ちふるまいも重要な情報源である。強調部分や思い入れなども読み取って表現に取り入れたい。
・途中、わかりにくい内容は遠慮なく相手に聞く。「それは○○ということ？」「例えば□□？」というやりとりは会話を活性化させる。

4. 内容の確認

お互いのインタビューが終わったら、表現した内容を本人に説明してみる。ここで話し手の意図が思いどおりに伝わったか、過不足や誤解がないか、重要度の高い情報が記録されているかを確認する。説明は必ず模造紙上の項目を指差しながら行う。描き忘れや補足は気づいた時点ですぐに描き込む。

5. プレゼンテーション

「他己紹介」形式で、会場の他のメンバーに向けてプレゼンテーションを行う。ここでも、模造紙内の表現を指差しながら説明するのがポイントである。1人ずつ順に発表するごとに、内容や技法について議論するとよいが、時間の制約を踏まえて進め方は工夫したい。

6. まとめ、ふりかえり

ワークショップ全体として、スクライビングの体験から得られた方法や考え方を共有し（この内容もファシリテーターがスクライビング）、参加者が次の実践につなげられるようなまとめを行う。

③ バリエーション1：カバンの中身展覧会

具体的なモノが目の前にある方が説明や議論を進めやすい。カバンやその中身を机の上に広げて、個々のモノの来歴や扱い方を題材に取材しながらグラフィカルにスクライビングを行い、全体で展覧会形式の発表会を行う。練習課題のステップで、モノの輪郭や陰影だけを捉える短時間でのスケッチを体験しておくと表現しやすい。

図2. 10秒で描く似顔絵
幾何図形に髪の毛を加え、点で目を入れる。メガネなどを書き加え、最後に名前を入れる

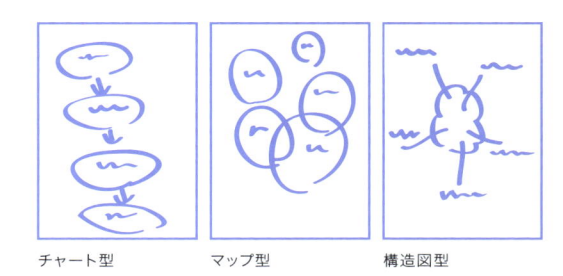

図3. 説明内容を図解にするための型の例

④ バリエーション2：言葉のスケッチ

対談や講義などを対象に、参加者全員がスクライビングを行うイベントとしての要素があるワークショップ。美術室でのデッサン会のように、発表者の周りをイーゼルパッドを立てて囲み、全員がそれぞれの視点からスクライビングを行う（図4）。描いた内容の発表会もギャラリートーク形式、展覧会形式など、エンターテインメント性を意識した形式にしたい。

図4. スクライビング・ワークショップ「思考のデザイン[3]」
参加者全員でスクライビングを体験

4-21 ワークショップ運営のコツ

1 目 的

ワークショップをスムーズに行うためにはいくつかのコツがある。何でもやればよいというわけではなく、効率よく進めてみよう。

世の中にはワークショップ自体が目的のワークショップが多くあるが、ここでは情報デザインを学ぶためのワークショップを対象とする。ワークショップの段階に応じてコツを3つに分ける。

1）基本的な準備のコツ
2）チーム編成のコツ
3）実施のコツ

2 基本的な準備のコツ

三種の神器というワークショップには欠かせない道具がある。それは模造紙、ふせん、水性マーカーである（図1）。

欲をいえば模造紙は方眼入り、ふせんは75mm×75mmのサイズのものを3色、水性マーカーは太めのものを黒3本、青と赤それぞれ1本ぐらいが1チームの適量であろう。8色セットを用紙する必要はない。それ以外には、模造紙を貼りだすホワイトボードや壁、そこに貼るためのセロテープも用意したい*1。

3 チーム編成のコツ

一般的にグループは奇数で組んだ方が議論の分かれたときに半々にならず多数決しやすいといわれている。これも一理あって、ある部分では正しいがワークショップの実情に合っている場合と合わない場合がある。

まずワークショップ全体の人数を考えてみよう。ワークショップの実施は物理的な環境が許せば100名でも可能である。大学や企業のブートキャンプでは往々にしてありえる。しかし、問題はプレゼンテーションと講評である。

最終的に全チームがプレゼンテーションをして、講師が講評するとなると、プレゼンテーション5分＋講評5分で、6チームいれば60分かかる。ワークショップ自体が3〜4時間だとすると、すべてを終えるにはかなりの時間がかかる。また、きちんと発表して講評しないと、どんなに内容のよいワークショップでも参加者の満足度は極端に悪くなるものである。したがって、チーム数は全体で5〜7チームが限度となる。

1チームの人数は、経験的にいえば4〜6名が適正である（図2）。簡単な課題であれば4名でもよい。6名以上になると、必ず考えていない、あるいは手を動かしていない人間が出る。したがって、理想は5名である。複雑な課題で分業をしなくてはならないとき、頭を使う仕事は3名、単純作業は2名でできる。

単純作業とはいえ、1人でやるのは心もとないので2名必要となる。頭を使う仕事は3名の方が議論して進められる。2名だと声の大きい人間に引きずられる傾向が強い。結局5名のチームが5〜7チームで、25名から35名ぐらいでやるのが一番よい。

もうひとつ、チーム編成のコツでいえば、チームメンバーは知り合い同士で組まない方がよい。グループはできるだけ、普段接触のない人間同士で組ませると緊張感があってよい。知り合い同士だと、ワークショップの経験がなければないほど内輪受けのアウトプットを目指す傾向がある。

地域のコミュニティーのワークショップの場合は、

---

*1 道具の使い方ワークショップ：⇒p.90

*2 自分の頭の中で考えていることを外に出すことを認知心理学で「外化」という。

*3 ブレインストーミングの4つのルール：①自由奔放、②批評厳禁、③質より量、④便乗発表。 教 p.92

*4 カードソート：⇒p.102

*5 デザインワークショップの準備：⇒p.14

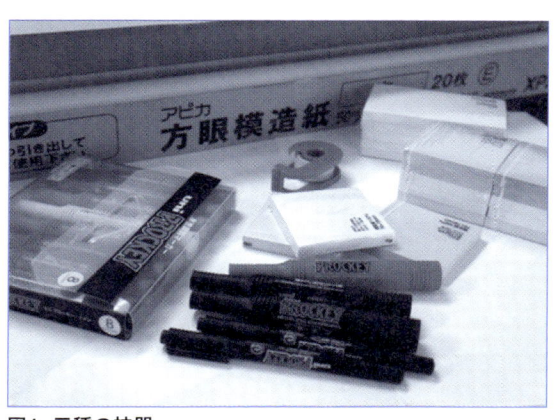

図1. 三種の神器

図2. チーム編成

勤め先や職種、ワークショップの経験値などを考慮して適度にバランスがとれるとよいのだが、企業の研修であれば、できる限り他部署、他業種の人間でチームを組んでもらうのがよい。

❹ 実施のコツ

ワークショップ中に、チーム全員で座ったまま腕を組んで考え込んでいる情景をよく見かける。ものを考えるというのは、頭を使うことだけではなく、手を動かして作業をすることでもある。手が動かなくなった時点で思考が停止していると思って、次の行動を考えよう。

手を使って行う作業の最も単純なことは、自分の頭の中身を外に出すことである。頭の中身を「話す」ことは「離す」ことだという。考えていることはいっそカードに書き出してしまおう [*2]。

最近では資料を机の上に広げるよりも、床や壁に貼ってみんながそれを見ながらブレインストーミングすることによって意見の交換が活性化することがわかってきた。これはブレインストーミングの過程において、意見が属人性を持たず「そこにある意見」として公正公平に扱われやすいからだろう。顔を合わせた状態でブレインストーミングの4つのルール [*3] を守ることはなかなか難しいものである。だい

図3. 壁に向かってブレインストーミングしよう

いち、ブレインストーミングのルールを素養として知っているのはデザイナーだけで、エンジニアには知らない人も多い。

壁に模造紙を貼り、ふせん紙でカードソート [*4] を行いブレインストーミングをすると、経験的には椅子に座って議論するときの約3倍は効率がよいと思う（図3）。刑事もの洋画で、壁一面に容疑者の写真や現場の地図、さまざまな資料を貼りつけて熟考するシーンがよくある。このように一覧性があるというのも大切なことである。したがって、ワークショップを開催する場合はできるだけ壁の多い場所を選ぶとよい [*5]。

索　引

欧文
d.school　　3
HCD　　50
IDEO　　3
KA法　　106
KJ法　　28, 58
OJT　　6
RTD　　30

あ
アーツアンドクラフツ運動　　3, 8
アイスブレイク　　86
アイデアスケッチ　　38
アクティビティシナリオ　　70
アクティングアウト　　118
インクルーシブデザイン　　10
インタビュー　　56, 96
インタフェースデザイン　　2
インフォグラフィックス　　32, 38
インプロビゼーション　　112
ウォーミングアップ　　22
エクスペリエンスマップ　　60
エスノグラフィー　　3
エスノグラフィックインタビュー　　96
オブザベーション・ワークショップ　　100
オリエンテーション　　20, 52

か
カーテン・ディスカッション　　34
カードソーティング　　102
カスタマージャーニーマップ　　60
観察　　22, 26, 56
強制発想法　　64
グラフィック・ファシリテーション　　30, 34
グラフィック・レコーディング　　30
経営資源　　78
現状調査　　26
構造化　　28, 67, 102
国境なきデザイン集団　　40
コミュニケーションデザイン　　2, 12, 18
コンセプト　　32, 68
　―― の共有　　34
　―― の視覚化　　70
　―― の評価　　72
　―― の表現　　69
　―― メイキング　　36, 68
コンセンサスゲーム　　20, 86

さ
サービスデザイン　　2, 12, 50
サービスデザインのプロセス　　51
サービスブループリント　　78
最悪シナリオ・ワークショップ　　64
最悪トラベル・ワークショップ　　110
参加型デザイン　　98
参加型フィールドワーク　　98
シアターゲーム　　20
質的調査　　56
質的データ　　56, 58
シナリオ　　64
シナリオベースドデザイン　　64
社会に向けた
　―― 情報発信　　38
　―― 資料の制作　　44
　―― 成果物の発表と評価　　40
　―― メッセージ表現　　36
写真撮影ワークショップ　　92
シャッフル・ディスカッション　　35
シャドーイング　　56
上位下位関係分析法　　58
上位概念を考えるワークショップ　　104
情報デザイン　　2
情報の組織化　　28
資料　　30, 44
資料のドキュメント化　　30
図解基礎ワークショップ　　116
スクライバー　　15
スクライビング　　30, 122
スケッチ　　88
ストーリーテリング　　22, 32, 108
ストーリーボード　　72
省察　　46
ソフトウェアのプロトタイプ　　76

た
体験マトリックス　　65
対象ユーザー　　59
タッチポイント　　60, 78
チームビルディング　　20, 52, 84
チームフラッグ　　20

調査	26, 56
調査結果	28
調査結果の視覚化	28
ディスカッション	34
テーマの設定	54
デザイン	2
── シンキング	3
── ツール	24
── 発表会	40
── プロジェクトの資料化と共有	42
── プロセス	18, 24
── ワークショップ	8, 10
デジカメアニメ・ワークショップ	114
展覧会	40
道具の使い方ワークショップ	90
ドキュメント・ウォール	30

な

人間中心設計	50
人間中心デザイン	2

は

パーソナルファブリケーション	120
ハードウェアのプロトタイプ	76
半構造化インタビュー	96
ビジネス	
── の視覚化と評価	74
── の視点	50
── のプロトタイプ	78
── モデル	74
── モデルキャンバス	74
ビデオ撮影ワークショップ	94
ヒトからの発想	64
ヒトの視点	50
ファシリテーション	12
ファシリテーター	12, 15
フィールド調査	26
フィールドメモ	57
フィールドワーク	26, 56
フォトKA法ワークショップ	106
フォトエッセイ	106
物理空間と情報空間の構造化	62

プラグマティック・ペルソナ	59
ふりかえり	46
フレームワーク	24
ブレインストーミングの4つのルール	112, 124
プレスリリース	44
プレゼンテーション	40, 80
プロトタイプ	76, 78, 120
ペーパープロトタイプ	70
ペルソナ	59
ポートフォリオ	42
本質的要求価値	58

ま

マシュマロ・チャレンジ	84
見立て	54
メッセージ表現	36
モノからの発想	66
モノの視点	50

や

ユーザーストーリーマッピング	4
ユーザーセンタードデザイン	50
ユーザー体験	60, 65
ユーザー体験の視覚化	60
ユーザーの本質的要求	70
ユーザーフロー	70

ら

ラダーアップ	58
ラポール	57
リアルタイム・ドキュメンテーション	30
リフレーミング	32
リフレクション	12, 15, 46
リフレクション・ムービー	46
レディネス	12

わ

ワークシート	24
ワークショップ	7
ワークショップ運営のコツ	124
ワークショップの企画	24
ワークショップの準備	14

参考図書

● ワークショップ
・中野民夫, ワークショップ―新しい学びと創造の場, 岩波書店, 2001.
・上田信行, プレイフル・シンキング, 宣伝会議, 2009.
・上田信行, 中原淳, プレイフル・ラーニング, 三省堂, 2012.
・苅宿俊文, 高木光太郎, 佐伯胖編, ワークショップと学び1 まなびを学ぶ, 東京大学出版会, 2012.
・苅宿俊文, 高木光太郎, 佐伯胖編, ワークショップと学び2 場づくりとしてのまなび, 東京大学出版会, 2012.
・苅宿俊文, 高木光太郎, 佐伯胖編, ワークショップと学び3 まなびほぐしのデザイン, 東京大学出版会, 2012.
・山内祐平, 森玲奈, 安斎勇樹, ワークショップデザイン論―創ることで学ぶ, 慶應義塾大学出版会, 2013.
・安斎勇樹, 早川克美, 協創の場のデザイン―ワークショップで企業と地域が変わる, 京都造形芸術大学東北芸術工科大学出版局藝術学舎, 2014.

● 情報デザイン
・ドナルド・A. ノーマン, 誰のためのデザイン?―認知科学者のデザイン原論, 新曜社, 1990.
・アラン・クーパー, 山形浩生訳, コンピュータは、むずかしすぎて使えない!, 翔泳社, 2000.
・渡辺保史, 情報デザイン入門, 平凡社, 2001.
・ユーザビリティハンドブック編集委員会, ユーザビリティハンドブック, 共立出版, 2007.
・リチャード・S. ワーマン, 金井哲夫訳, それは「情報」ではない。, エムディエヌコーポレーション, 2007.
・ホイットニー・キューゼンベリー, ケビン・ブルックス, UX TOKYO 訳, ユーザエクスペリエンスのためのストーリーテリング―よりよいデザインを生み出すストーリーの作り方と伝え方, 丸善出版, 2011.
・スーザン・ワインチェンク, 武舎広幸, 武舎るみ, 阿部和也訳, インタフェースデザインの心理学 ―Webやアプリに新たな視点をもたらす100の指針, オライリージャパン, 2012.

● ビジネス
・デイブ・グレイ, サニー・ブラウン, ジェームズ・マカヌフォ, 野村恭彦監訳, 武舎広幸, 武舎るみ訳, ゲームストーミング ―会議、チーム、プロジェクトを成功へと導く87のゲーム, オライリージャパン, 2011.
・アレックス・オスターワルダー, イヴ・ピニュール, 小山龍介訳, ビジネスモデル・ジェネレーション―ビジネスモデル設計書, 翔泳社, 2012.
・マーク・スティックドーン, ヤコブ・シュナイダー, 長谷川敦士, 武山政直, 渡邉康太郎監修, 郷司陽子訳, THIS IS SERVICE DESIGN THINKING. Basics - Tools - Cases―領域横断的アプローチによるビジネスモデルの設計, ビー・エヌ・エヌ新社, 2013.
・山崎和彦, 上田義弘, 高橋克実, 早川誠二, 郷健太郎, 柳田宏治, エクスペリエンス・ビジョン―ユーザーを見つめてうれしい体験を企画するビジョン提案型デザイン手法, 丸善出版, 2013.

● デザイン、アイデア
・川喜田二郎, 発想法―創造性開発のために, 中央公論社, 1967.
・クリストファー・アレグザンダー, 平田翰那訳, パタン・ランゲージ, 鹿島出版会, 1984.
・今和次郎, 藤森照信, 考現学入門, 筑摩書房, 1987.
・ジェームス・W. ヤング, 竹内均, 今井茂雄訳, アイデアのつくり方, 阪急コミュニケーションズ, 1988.
・ティム・ブラウン, 千葉敏生訳, デザイン思考が世界を変える, 早川書房, 2010.
・原研哉, デザインのデザイン, 岩波書店, 2003.
・柏木博監修, 近代デザイン史, 武蔵野美術大学出版局, 2006.
・ブルーノ・ムナーリ, 萱野有美訳, モノからモノが生まれる, みすず書房, 2007.
・多木陽介, アキッレ・カスティリオーニ―自由の探求としてのデザイン, アクシス, 2007.
・山中俊治, デザインの骨格, 日経BP社, 2011.

4章の問題の回答例

① コンセンサスゲーム（p.86）:「宇宙からの帰還」のNASAの回答

1位： 45kg酸素タンク2個（生存に必須）
2位： 20ℓの水（生存に必須）
3位： 月の星座用天体地図（方向を定めるのに必須）
4位： 宇宙食（生存に必要）
5位： 太陽電池のFM送受信機（連絡手段として有効）
6位： ナイロンロープ50m（安全確保、途中の山岳や崖など）
7位： 注射器入り救急箱（宇宙服は注射可能 水を吸う、内服薬は有効）
8位： パラシュート用絹布（日除け、リュック、テント代わり、機材運搬）
9位： 救命いかだ（ガスを発生する、動力源としての価値、機材運搬、ベッド）
10位： シグナル用照明弾（合図に使える）
11位： 45口径ピストル（統制・指揮のため、精神異常対応、自殺）
12位： 脱水ペットミルク1ケース（食料であるが、月面では飛散）
13位： ポータブル暖房機（あまり使えそうにない、宇宙服は外からの暖房は不要）
14位： 磁気羅針盤（磁気が異なるので使えない）
15位： マッチの入った箱（地球でしか使えない）

② 図解基礎ワークショップ（p.116）の回答例

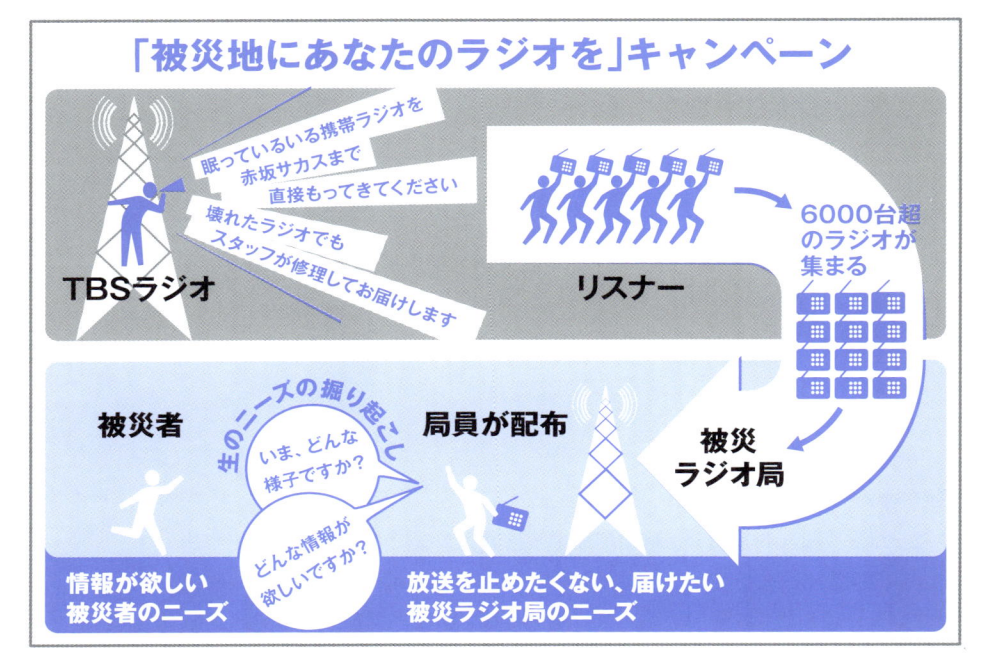

支援側を上に、被災側を下に、位置も色も比較するように配置した。左上から下への大きな矢印は、空間や時間の移動を示し、自然な視線の流れを導いている。全国から届いたラジオをもとに、地元の被災ラジオ局の局員が被災者の生の声を聴くことで、被災者とラジオ局のお互いのニーズがかなえられるというストーリーである。

編者・執筆者紹介

● 編　者

情報デザインフォーラム　Information Design Forum
2008年春より情報デザインの手法・教育・啓蒙に関する活動を行う非営利団体。大学や専門学校の教員、企業やフリーランスのデザイナーなど十数名のコアメンバーおよび教員、デザイナー、学生など約100名が参加している。活動としては、参加者の自主的な企画によるフォーラム、ワークショップ、研究会、交流会など情報デザインに関するイベントの開催と書籍の執筆やWebを通した情報発信などを行っている。また、コミュニケーションデザインやサービスデザインの研究と未来への提案なども積極的に推進している。詳細は下記参照。
http://informationdesignforum.blogspot.jp/

● 執筆者

山崎　和彦　Kazuhiko Yamazaki
千葉工業大学工学部デザイン科学科教授。京都工芸繊維大学卒業後、クリナップと日本IBMにてデザインを担当。神戸芸術工科大学博士（芸術工学）、東京大学大学院博士課程満期退学、人間中心設計機構副理事長、日本デザイン学会評議員。iF賞などの国際的なデザイン賞を受賞多数。人間中心設計やデザインに関わる教育とコンサルティングに従事。3章を担当。

浅野　智　Satoshi Asano
UX/HCDコンサルタント。人間中心設計推進機構理事。多摩美術大学大学院修士課程修了、多摩美術大学教員、横浜デジタルアーツ専門学校教頭を経て2014年より現職。さまざまな企業のUX/HCDコンサルティングや社員教育を務め、年間50回以上のワークショップを行っている。3章を担当。

安藤　昌也　Masaya Ando
千葉工業大学工学部デザイン科学科准教授。早稲田大学政治経済学部経済学科卒業。総合研究大学院大学文化科学研究科修了。博士（学術）。コンサルティング会社取締役を務めた後、産業技術大学院大学助教を経て現職。人間中心設計推進機構理事。UX、人間中心設計の研究教育の他、企業におけるUXデザインのコンサルティングも手掛ける。3章を担当。

上平　崇仁　Takahito Kamihira

専修大学ネットワーク情報学部教授。人間中心設計推進機構評議委員、同機構認定専門家。筑波大学大学院芸術研究科デザイン専攻修了後、グラフィックデザイナー、東京工芸大学芸術学部助手、専修大学ネットワーク情報学部を経て現職。情報デザイン、デザイン思考、参加型デザインなど、創造的な社会のための教育と研究に従事。1章と2章を担当。

木村　博之　Hiroyuki Kimura

株式会社チューブグラフィックス代表取締役。宮城県女川町生まれ。明治大学卒業（地理学）。SND（The Society for News Design）のMalofiej賞金賞受賞。同賞審査員、SND国際コンテスト審査員、経済産業省「ツタグラ」アドバイザリーボードなどを歴任。現在、日本経済新聞のデザインコンサルタント、千葉大学工学部などで講師をつとめる。著書に『インフォグラフィックス』（誠文堂新光社）など。2章を担当。

小池　星多　Seita Koike

東京都市大学メディア情報学部社会メディア学科准教授。博士（学術）。千葉大学自然科学研究科後期博士課程修了。多摩美術大学助手、東京家政学院大学専任講師を経て現職。コミュニティデザインの観点からソーシャルロボティクス、パーソナルファブリケーション、インフォグラフィックスなど領域を越えたデザインや研究活動を行っている。1章を担当。

原田　泰　Yasushi Harada

公立はこだて未来大学システム情報科学部情報アーキテクチャ学科教授。筑波大学芸術専門学群卒業。凸版印刷、リクルート、筑波大学芸術学系講師、多摩美術大学情報デザイン学科助教授、千葉工業大学准教授を経て現職。インフォグラフィックス、リアルタイム・ドキュメンテーション、デザイン研究の方法論などを研究中。著書に『図解力アップドリル』『動く図解力アップドリル』（共にワークスコーポレーション）、『図解表現使いこなしブック』（日本能率協会マネジメントセンター）など。1章と2章を担当。

脇阪　善則　Yoshinori Wakizaka

楽天株式会社編成部モバイル戦略課所属。UXデザイナー、プロジェクトマネージャー。人間中心設計機構評議委員。Web/Appのプロダクト開発やモバイルデザイン戦略、サービスデザインに従事している。京都工芸繊維大学大学院を修了し、東芝、ノキアジャパンを経て現職。現職以外にも、Rosenfeld Mediaから出版されているUX関連書籍の日本語版出版やこれらの書籍に関連したワークショップを行っている。3章を担当。

情報デザインのワークショップ

平成 26 年 7 月 30 日　発　　　行

編　者　　情報デザインフォーラム

発行者　　池　田　和　博

発行所　　丸善出版株式会社
　　　　　〒101-0051　東京都千代田区神田神保町二丁目17番
　　　　　編集：電話 (03) 3512-3266／FAX (03) 3512-3272
　　　　　営業：電話 (03) 3512-3256／FAX (03) 3512-3270
　　　　　http://pub.maruzen.co.jp/

© Information design forum, 2014

印刷・製本／三美印刷株式会社

ISBN 978-4-621-08837-1 C 3350　　　　Printed in Japan

JCOPY 〈(社)出版者著作権管理機構 委託出版物〉
本書の無断複写は著作権法上での例外を除き禁じられています．複写される場合は，そのつど事前に，(社)出版者著作権管理機構（電話 03-3513-6969，FAX 03-3513-6979，e-mail：info@jcopy.or.jp）の許諾を得てください．